이은봉 시인

국립중앙도서관 출판시도서목록(CIP)

초식동물의 피 : 이은봉 시선집 / 지은이: 이은봉. -- 광주
: 시와사람, 2018
p. ; cm

ISBN 978-89-5665-518-5 03810 : ₩10000

한국 현대시[韓國現代詩]

811.7-KDC6
895.715-DDC23 CIP2018018303

초식동물의 피

초식동물의 피
이은봉 시선집

2018년 6월 10일 인쇄
2018년 6월 15일 발행

지은이 | 이 은 봉
펴낸이 | 강 경 호
발행처 | 도서출판 시와사람
등 록 | 1994년 6월 10일 제 05-01-0155호
주 소 | 광주시 동구 양림로119번길 21-1(학동)
전 화 | (062)224-5319
E-mail | jcapoet@hanmail.net

ISBN 978-89-518-5 03810

값 10,000원

공급처 ■ 한국출판협동조합
경기도 파주시 탄현면 오금로 30
주문전화 (02)716-5616, 070-7119-1740

초식동물의 피

이은봉 시선집

시와사람

■ 자서自序

봄날 며칠을 이 시선집의 원고를 고르기 위해 종종거리며 지냈다. 열 권의 시집과 한 권의 시조집……, 내가 만든 모두 11권의 서정시집을 읽으며 시를 골랐다. 모두 126편이다.

까닭 없이 126이라는 숫자가 나를 계속 유혹했다. 시를 고르며 내내 한심하고 회심했다. 기껏 이러한 정도의 수준에 불과하다니!

매 편의 시는 매 편의 사연을 떠올렸다. 사연들을 생각하면 슬프기도 하고, 아프기도, 서럽기도 했다. 더러는 즐겁게 회억되는 사연도 있었다. 이처럼 뒤엉키는 감정들 때문에 그동안 시를 썼으리라.

시간이 이들 감정들을 시로 만들었으리라. 시간이 되어, 때가 되어 삶의 한 매듭을 짓게 되었고, 그것을 기념해 이 시선집 『초식동물의 피』를 간행한다.

시선집을 내겠다고 아주 오래 전에 《시와사람》과 한 약속을 지키게 되어 두루 고맙다. 시와 시인이 함부로 폄하되고 있는 시대를 살고 있는 듯싶어 마음이 편치는 않지만 말이다.

그래도 삶의 한 매듭을 짓는 기념으로 이 시선집을 간행하게 되어 기쁘다. 이제 곧 주어지는 더 많은 자유를 위해 더 많은 노력을 해야 하리라.

2018년 4월

청리당에서 이은봉

차례

제1부

제2부

제3부

제4부

제5부

제6부

제1부

공장 굴뚝들을 보고 있으면

공장 높은 굴뚝들을 보고 있으면
쌓아올린 벽돌,
벽돌 하나의 신음소리가 들린다
들린다 온갖 숨소리가 다 들리고
젖은 숨소리가 들리고
어디, 누이의 감춘 치맛자락도 보이는 것만 같다

보고 있으면 있을수록
소문만 부풀고
헛배만 부풀고
쉬어빠진 눈물 하나
가로등 불빛 하나

젖은 불빛 사이로
누이의 첫사랑이 날리고
작부집 젓가락 장단이 날리고
우수수 쓸어내는 그리움
피빛 그리움

공장 높은 굴뚝들을 보고 있으면
바보같이 나는

자꾸 흔들린다
숨소리도 꿈도 흔들리고
또 높은 굴뚝들도 금세 흔들릴 것만 같다.

스스로 걸어 들어간 녀석은 지금

실실 비라도 오는 날이면
매운 술병을 차고 와
"타는 가슴이 있어!"
내 자취방 옆구리를 걷어차던 녀석

녀석의 가슴을 듣고 있으면
치자꽃 향기
아아, 치자꽃 향기

몇 점 눈발이 날리던 그날도
별이 너무 멀리서 반짝인다며
"하늘 가까이 있고 싶어!"
소리쳐 웃고는

망루 높은 곳, 몸 던져 어둠 속으로
으시시 자유 속으로
스스로 걸어 들어간 녀석은 지금.

비야

당집 붉은 깃발을 적시고
당집 아이
풀리는 옷고름을 적시고

비야 굿거리장단으로
비야 암무당 예쁜 꽃신을
실어 가는가 비야
이 마을 슬픈 전설을
바다 건너 먼 나라로
쓸어 가는가 비야

신령님 가난한 위패를 적시고
신령님 아이
올리는 향불을 적시고

오색 무지개 제단을
허물고 있느냐 비야
당집 아이
달디 단 살내음 데불고
한 사흘 머물다 가는
풋사랑아.

길 끝에

그대와 함께 다다른 길 끝에
강물이 흐른다면
헤엄쳐 건널 수 없는
죽음이 흐른다면

쓰러져 피 뱉을 때까지
언 손 마주 비비며
뗏목 엮을 때까지

지친 숨소리로 부끄러움 가린
치마끈 풀어 돛 달아야 하리

허공 두루 허우적대다 보면
손에 잡히는 지푸라기
지푸라기로 만든 동아줄 던져

하늘에 가 닿을 때까지
해와 달로 빛날 때까지

거기 강물 다 말라
잎사귀를 떨구는 미루나무
나무처럼 우두커니 서 있을 수는 없지.

남새갈기

남새를 갈아보려는 것이다
장독대 옆 두어 평 남짓
그것도 땅뙈기라고 흙을 고르다 보면
연탄재만 풀풀 날려 다니고
그저 콘크리트 비닐조각들

그래도 그냥 말 수야 있겠나며
뭣이라도 좀 심어보자는 것이다
하기는 요만치의 농사라도
이 산 번지에서나 지을 수 있는 일

누이와 뒷방 아줌마와 함께
치닫는 가슴 자꾸 옥죄며
되지 않게 감히 지금 나는
둑을 치고 이랑을 돋워보는 것이다

아직은 건강한 지구의 뒤 켠
오래오래 지켜나가야 하지 않겠냐며
도시의 한쪽 끝, 버티고 서서
한바탕 신명을 돋궈보는 것이다.

부설학교

—금자

멀리 기적소리 쓸쓸한 일요일
기숙사 옥상 사닥다리에 올라
금자는 천천히 빨래를 걷는다
어지러이 낮달이 지고
시멘트 물탱크에 기대어
바라다보는 부설학교 산언덕에는
아득히 흐드러지는 철쭉꽃
오래오래 그렇게 서서
그녀가 할 수 있는 일은 무엇인가
진바지 꽉 째인 호주머니 속에
흠집투성이의 손가락을
그만큼의 눈물을 찔러 넣다가
철쭉꽃 그리운 산언덕을 생각하면
점점이 떠오르는 얼굴들……
배움은 정말 끝이 없는 것일까
풀무고개 감나무 밑에서
속삭이던 철수도 영자도
고향을 떠난 지 이미 오래
풀씨처럼 쏟아져 내리는 어둠을 향해
기차는 가고 있는 것일까

잔업하는 친구들의 재봉틀소리 요란한
일요일, 저문 햇살에 기대어
금자는 천천히 저 혼자
우우우, 휘파람 불어 젖힌다.
어스름 별빛 불어 모은다.

공원

구내매점 스피커에서 들려오는
흑인가수의 쉬어터진 목소리
불볕더위
떨어져 쌓이는 포도 근처
여자는 아직
파리 날리는 좌판을 보고 있었고
찌그러진 쓰레기통 가까이
아무렇게나 흩어져 있는 비닐조각들
낡아빠진 돗자리를 펴고 앉아
노인은 여태
『예슈던』을 뒤적이고 있었다
돋보기를 내려쓴 채
빛나는 도시의 역사 저편
관리사무소 첨탑 위로
비둘기 떼
삐라처럼 튀어오르는 여름 한낮.

눈

눈이 내린다
두런두런 한숨 속으로
저희들끼리
저렇게 뺨 부비며

눈이 내린다
별별 근심스런 얼굴로
밤새 잠 못 이룬 사람들
사람들 걱정 속으로

눈이 내린다
참새 떼
울바자에 내려와 앉는 아침
아침 공복 속으로

저희들끼리 저렇게
뽀드득뽀드득
어금니를 깨물며.

용두동집

기왓장 삭아내리는 집
함석장 삭아내리는 집
용두동집
용두동 산번지에 내리는 비
해방촌 구절양장에 내리는 비
엄니의 앞자락을
호박잎 넓은 잎새를 적시는 비
서까래를 뚫고
낮은 천장을 뚫고
찌그러진 양동이를
비닐장판 날바닥을 적시는 비
젖은 걸레를 적시는 비

남들은 다 떠나는데
전쟁 끝에 들어온 사람들 다 떠나는데
되려 우리는 이사를 갔지
내가 대학 1학년 때
막내 은파가 여덟살 때
아버지는 큰 빚을 졌고
오류동 집이 팔렸고
채송화꽃 망초꽃을 적시는 비

아주까리 쇠비름꽃을 적시는 비
용두동집
용두동 산번지에 내리는 비.

부활

—전태일

불더미 속으로
잘 익은 살내음 속으로
그는 갔다 손을 흔들며
어금니를 깨물며 그는 갔다
환한 얼굴로

이제는 당신의 십자가
당신의 기름진 아랫배
편치 못하리라 어떤 모습으로든
그가 돌아온다
뜨거운 함성이 돌아온다

그의 잘 익은 근골 속으로
타는 눈물이 흐른다
기쁨이 흐른다
노동으로 단련된 구릿빛 내일이
사랑이 흐른다 일찍이 어디
이처럼 벅찬 그리움이 있었더냐
아픈 희망이 있었더냐

우리들 성긴 밥상 위로
보라, 그의 구수한 광대뼈가 돌아온다
떡으로 밥으로
다수운 고깃국이 돌아온다
진수성찬이 돌아온다.

한강

한강은 흐른다 마구 튀어오르는
온갖 잡동사니, 썩어 문드러진 서울의
불빛을 감싸며 한강은
죽음의 찌꺼기를 궁정동의 총성을
실어 나른다 토막 난 나라,
그 남쪽의 노동과 밤과 꿈을
오월의 한숨과 피울음을
게거품처럼 주억거리며 한강은
흐른다 차마 그냥 말 수는 없다는 듯이
몸뚱이를 가로지르는 다리 위
밀려가는 버스와 트럭과 택시와
그렇게 질주하는 눈물을 껴안으며
살해당한 대통령과 그의 처첩들
오오, 환상의 미래와 지난 시대를
실어 나른다 무수한 굴욕과 저항의 나날을
묻어버린다 그래도 그냥 말 수는 없지 않겠냐며
천천히 더러는 빨리 한강은
숱한 희망과 변절의 역사를
집어삼킨다 그러나 한강은 끝내
남아서 지킨다 우리의 죽음 뒤
우리의 자식이 남아 우리를 지키듯이

이 땅의 핍박과 치욕의 응어리를
급기야 해방의 함성을, 그 아픔을
기쁨을 지킨다 혼자서 더러는 여럿이
한강은 흐른다 댐이 세워지고
별별것들이 다 그를 막아서더라도
바다로, 화엄의 바다로 한강은
오늘도 까마득한 내일까지도.

대전에 가면

들린다 덜컹대는 소리
삐걱대는 소리 멈췄다 떠나는 소리
자동차 바퀴소리 들린다
내 잔뼈를 키워준 대전에 가면
모이는 소리 흩어지는 소리
안 들린다 생쥐 이빨 가는 소리
능청떠는 소리 귀신 씨나락 까먹는 소리
들린다 급기야 들고 일어서는 소리
한판 눌어붙는 소리 왕왕 들린다
광주에서 부산에서
순식간에 밀고 올라오는 소리
올라와 솟구치는 소리
서울에서 평택에서
내려오는 소리, 내려와 갈라지는 소리
갈라져 타오르는 소리 들린다
이윽고 용광로 끓어오르는 소리
헉헉 몸 달아오르는 소리
금강물 철렁대는 소리 들린다
짜증 부리는 소리 신경질 부리는 소리
내 친구들 잔주접 떠는 소리
안 들린다 오직 들린다

신 새벽 계룡산 홰치는 소리 들린다
그 아줌마 애 낳는 소리 크게크게 들린다.

수레바퀴론

누워 있는 수레바퀴는 수레바퀴가 아니다
앉아 있는 수레바퀴는 수레바퀴가 아니다
서 있는 수레바퀴는 수레바퀴가 아니다
움직이는 수레바퀴
굴러가는 수레바퀴
그렇다 산골짜기를 뚫고 가는 수레바퀴는 힘들다
고갯마루를 밀고 가는 수레바퀴는 벅차다
그렇다 후퇴하는 수레바퀴는 수레바퀴가 아니다
돌아가는 수레바퀴는 수레바퀴가 아니다
날아가는 수레바퀴는 수레바퀴가 아니다
막아서는 언덕을 넘어서는 수레바퀴!
다가서는 벼랑을 기어오르는 수레바퀴!
번쩍이는 이마빡에 미끄러지는 수레바퀴는 위험타
주걱턱에 걸려 덜컹대는 수레바퀴는 피곤타
좋다 달려가는 수레바퀴
좋다 질주하는 수레바퀴
언덕 아래로 쏟아져 내리는 수레바퀴는 무섭다
벼랑 아래로 떨어져 내리는 수레바퀴는 겁난다.

죽음에 대하여

죽음 속에서 죽음의 풀밭 속에서
싹이 튼다 죽음의 뿌리를 뚫고
그렇다 사랑의 싹이다
죽음이여 이윽고 사랑의 어머니여
긴 겨울이 끝나고, 겨울의 눈보라가 끝나고
어둠 가운데, 어둠의 긴 동굴 가운데
싹이 튼다 죽음의 뿌리를 뚫고
그렇다 자유의 싹이다
죽음이여 끝없는 자유의 아버지여
죽음을 먹고, 푹 곰삭은 죽음의 심장을 머고
기어코 생명의 꽃대궁 솟아오른다
봄날 아지랑이 솟아오른다
한꺼번에 사랑을, 자유를 밀어올리는
오래 기름진 밭이여 희망이여
배추씨도 무씨도 함께 환호하는
풍성한 식탁의 예감이여
죽음을 먹고, 고통으로 죽음의 심장을 먹고
벅찬 가슴으로 달려가는 수레바퀴
죽음 속에서 죽음의 뿌리 속에서 오히려
찬란한 생명의 운산이 여기 있다 죽음이여
매듭 굵은 이 나라 역사가 비로소 싹을 틔운다.

삐삐주전자

삐삐주전자가 있지 아내의 직장 동료들이
결혼선물로 가져온 요술단지
서울의 수돗물, 바글바글 대장균을 삶아내는
자동경보기가 있지 아침저녁
잘 익은 보리알을 삶아내는
유 에스 에이 상표도 찬란한
아주 굉장한 문명의 이기이지
수입개방 봄바람을 타고
감히 우리 집 밥상 위에까지
꽃솜처럼 사뿐히 내려앉은
편리주의라구 한번 멋지게 끓어 넘치지 못하고
기껏 울기나 잘하는, 울음도 유 에스 에이라서
버터 냄새가 난다구 당신이나 나나
그걸 뭐 된장냄새쯤으로 알고 있지
그러다가 퍼뜩 놀라기도 하는데
광화문이나 종로 3가 근처
줄줄이 늘어서 있는 경찰아저씨들
허리에 찬 무엇이 떠오르기 때문이지
속수무책으로 삐삐 울기 때문이지
우리들 살림을 차고 앉아
이제는 우리들 상전이 되어버린

미제 삐삐주전자가 있다구
지존하신 안방마님이 계시다니까.

오월의 뺑끼장이

중년의 뺑끼장이 지나가데요
무궁화꽃 우거진 숲 사이 길로
검붉은 통 들고 휘파람 불며
신음소리 비명소리 아수라지는
초여름 어지러운 신록 속으로
햇살 빛나데요 황홀하데요
반짝, 이마 위로 굉장하데요
그 사나이 너무 좋아 마구잡이로
비명소리 신음소리 칠하려고요
뺄겋게 시뻘겋게 칠하려고요
무궁화꽃 흐드러지는 숲 사이 길로
우쭐우쭐 어깨 펴고 걸어가데요
만나는 사람마다 손을 잡고는
환하게 웃더군요 너무 좋다며
"아아, 그래요 천사의 웃음이야요"
철없는 시인은 노래하고요
목청 가다듬어 읊조리고요
바람도 어느새 불다 그치고
북악산 노송들도 허리를 굽히는
늴리리야 초여름 호시절인데요
문간이며 대들보며 마루청이며

세상 눈 못 뜨게 빛내려고
뺄겋게 시뻘겋게 춤추려고요
길가의 풀꽃들 재겨 디디며
충년의 뻥끼장이 지나가데요
무궁화꽃 활짝 핀 숲 사이 길로
검붉은 통 들고 콧노래 불며
휘황찬란 그 사나이 걸어가데요
햇살 빛나데요 이마 위에서
반짝 치솟데요 요란하데요.

임진각 고무풍선

고무풍선을 날렸습니다 북쪽을 향해
여기 임진각 광장에 와서
손을 잡았습니다 한 사람 또 한 사람
수백 수천의 고무풍선을 날렸습니다
강 건너 사랑을 향해
그렇습니다 나 여기 와서
처음으로 휴전선 가시철망 보았습니다
끊어진 자유의 다리 보았습니다
그러는 동안 생각 속으로
한 줄기 휘파람소리 지나갔습니다
희망의 함성소리 지나갔습니다
그렇습니다 나라 이처럼 갈라 세운 자
나라 이처럼 쪼개 세운 자
지금의 사람 아닙니다 옛날 사람입니다
처음으로 나 여기 와서
가슴 넘쳐흐르는 임진강물 보았습니다
하늘 가득 덮어 오르는 고무풍선 보았습니다
하여, 손잡았습니다 구경 나온 사람들과도
거기 서 있던 미군 병사들
두려워 외다리로 떨었습니다.

일기

—1987년 4월 20일

메가폰을 들고 한 학생이 외친다
둘러서 있던 학생들 손 높이 쳐들고
따라 외친다 머리께에 질끈,
붉은 빛 띠를 두른 저 학생들
이내 총소리가 들린다
집회는 채 10분도 계속되지 않았는데
최루탄이 터지고, 방독면의 사나이들이
찔러 총 자세로 운동장을 덮는다
우르르 도망치며 학생들이 던지는
벽돌조각들, 그리고 화염병이
포물선을 그리며 날아간다 아우성소리가
끌려가는 학생들의 비명소리가
교수들의 가슴을 친다 상투적으로
그들은 고개를 돌린다 벽돌을 찍듯이
무언가 보이지 않는 것들이
네모반듯하게 세상을 찍어댄다
샛노란 개나리꽃이
샛노랗게 까무러치는 4월 한복판
바람은 아직도 서쪽에서 불고 있는데.

버들붕어

버들붕어라고도 꽃붕어라고도 하는
너도 알지 왜 예쁜 물고기 말여
올이 굵은 체그물을 들고
공수마루 봇도랑에 가면
그냥 흔히 볼 수 있었지
햇살에 퍼덕퍼덕 빛나던 놈
알록달록 튀어오르던 놈
색색으로 금붕어처럼
참 곱기도 했지 어렸을 때
물풀들과 함께 소주병에 넣어 기르던
그 귀여운 꼬마 놈 말여
그런데 없어졌어 사라져버렸다니께
한때는 그래도 등 굽은 채로
허리 몹시 휘어진 채로
방동사니 우거진 흙탕물 사이
악착같이 잘도잘도 버텨내더니
윗마을 고정리 삽골,
냅다 피혁 공장 세워진 후로는
농약살포 훨씬 심해진 후로는
다 떠나버렸어 우리가 함께 기르던
꿈도 추억도 죽어버렸어

그러니 계룡산 골짝 물도 여기
공수마루 봇도랑을 지날 때에는
제 더럽고 냄새나는 몸
싫어 짜등짜등 골을 부리지
후딱 뜨고 싶어 안달을 하지.

삼돌이

채소가게 삼돌이 엄니
맨날 징징 짜대는 삼돌이한테
걸핏하면 지청구한다
꿀밤 한 대 쥐어박는다
밥 먹고 살기 너무 힘들어
자식 놈 돌볼 틈 없다
허구헌 날 즈이 엄니 이 모양이니
삼돌이는 동네북이다
통장 집 아줌니도 고함을 치고
담배 집 아저씨도 핀잔을 한다
여섯 살짜리 삼돌이 이놈
"에이, 씨벌 좆같네"
아무한테나 욕 퍼붓는다
이놈 버렸다, 싸가지 없는 놈
이마빡에 피도 안 마른 놈
지나는 사람마다 혀 쯧쯧 찬다.

향수

불고추를 먹은 듯한 더위가
마지막 몸을 푸는 밤
여자는 바라본다
이층 베란다에 올라
무엇을 보기 위해서가 아니라
무엇을 듣기 위해서가 아니라
끈끈한 바람, 흐벅진 중년의
벅찬 군살을 어루만지며
어루만지며 여자는 바라본다
길 건너 나무판자로 이은
여름밤 쫄쫄이 수돗가
하루의 노동을 마치고
구릿빛 총각들이 모여
왁자지껄, 시끄럽게 물을 끼얹는
오오, 아름다운 나라
설레설레 고개를 저으며
그리움이, 첫사랑이 밀려나오고
너도밤나무꽃 향기
미운 오리새끼처럼 종종거린다
뒤뜰 정원을 가득 메운다.

계룡산

—연천봉

사랑하는 어여쁜 애인 데리고
좋다 푹 곰삭은 늙은 마누라라도 데리고
사람들아 여기 계룡산 연천봉에
올라와 보아라 눈 내리는 것 보아라
방구석에 처박혀 있지만 말고
닐리리야 얼씨구나 좋다 눈 내린다
가슴 활짝 펴고 네 활개를 펴고
별별 곱사춤을 추며 눈 내린다
굽이굽이 내 고향 금강 위에도
저기 신도안 군사기지 위에도
눈 내린다 펄럭펄럭 태극기를 흔들며
계백장군 말발굽소리로 눈 내린다
보아라 저 멀리 꿈틀거리는 것들
쭈그렁바가지들이다 우리 엄니다
네 살짜리 내 아들놈이다 다 한울님 자식이다
야야 사람들아 방구석에 처박혀 있지만 말고
여기 계룡산 연천봉에 올라와 보아라
보인다 이제는 저기 대동강 능라도까지도
백두산천지, 우리나라 조상 할아버지까지도
할머니 고쟁이 속곳까지도 다 보인다

눈 내린다 하늘 연하여 희망이다 희망의 떡가루다
좋다 사랑하는 어여쁜 애인 데리고
푹 곰삭은 늙은 마누라라도 데리고.

제2부

길음동
—산언덕 내리는 눈

축복이요 함박웃음이요 사랑이요
여기 길음동 산언덕
산언덕 슬레이트 지붕 위에도
덧씌운 루핑 위에도
환희요 떨어져 내리는 기쁨이요
보아도 눈 부릅뜨고 보아도
은혜요 층층이 늘어선 가난을 덮는
한숨을 덮는 솜이불이요 떡가루요
버리고 온 고향 사람들
눈물겨운 인정이요 거친 손마디
덥석 부여잡는 설움이요 반가움이요
무너져 내리는 담벼락
낡아 찢어진 벽보 위에도
일렁이는 추억이요 그리움이요
이따금 바람 불러와
온통 세상 뒤흔들어도
노랫소리요 아직은 벅찬 내일이요
즐거움이요 그리하여 여기
엉덩이를 비비며 모여 사는 사람들
사람들 넓은 치마 섶이요
젖가슴이요 젖가슴으로 껴안는 희망이요.

길음동
—산언덕의 별

두런두런 어둠이 고이고, 아주까리 넓은 잎사귀 사이로, 별 뜬다 아득히 별 떠, 세상 내려다본다 거기 하늘에서 가장 가까운, 사람들 사는 동네 있다 산동네 있다.

옴팡집 좁다란 마당가
해바라기 어지러운 꽃판도 잠들고
올망졸망 별 뜬다 일 나가
돌아오지 않는 엄니 기다려

오물오물 생라면 깨무는 아이들, 맑은 눈빛 뜬다 아이들 저 맑은 눈빛, 어찌 별빛 아니랴 별 뜬다 구름장 열어젖히며, 하늘에서 가장 가까운, 여기 길음동 산언덕.

미아 6동

달뜨면 아직도 개 짖는 소리 들리는 곳이다
달뜨면 아직도 도둑고양이 우는 소리 들리는 곳이다

동네 어른들 술추렴으로 마구 속 푸는 곳이다
동네 청년들 악악 소리쳐 목청 돋구는 곳이다

전철역을 떠난 마을버스
기어코 열세번씩이나 쉬었다가 기어오르는 곳이다

누이도 삼촌도 고모도
그런 일가붙이 따위는 아예 없는 곳이다

삼짇날이면 맨 처음 제비 울음소리가 들리는 곳이다
칠석날이면 맨 처음 견우와 직녀가 몸 섞는 곳이다.

계룡산
—고향생각

고향은 저기 구름밭 넘어, 계룡산 연천봉을 돌아흐르는, 금강물 소리 아득히 출렁이는 곳

그렇게 생각하고 싶지 하지만 오늘도 퇴근길

쓰러지듯 전철역 담벼락에 기대어 서면, 코끝 싸한 바람에 섞여 오는, 아흐 늙은 아버지의 한숨소리, 옛 백제 사람의 서러운 탄식소리.

계룡산

—겨울 삼불봉

바리 눈짐을 지고
툭하니, 청솔가지 하나 부러진다
형벌을 지고

바람 멎는다 신음소리 목탁소리……
안간힘으로 끌어안으며, 바람 잠든다 거기 하얗게 솟아오르는, 부처님 얼굴 있다
하얗게 얼어붙는, 미소 몇 마디 있다 총총히 있다

그만 인기척에 놀라
툭하니, 주저앉는 눈더미, 주저앉는 부처님……, 포르르 멧새 몇 마리 날아오른다
잘 늙은 스님 셋, 기어코 산비탈로 붙는다

겹겹이 기운 장삼 사이로
뽀드득뽀드득 눈 밟는 소리 들린다
성큼, 파란 하늘 쏟아져 내린다.

계룡산

—신원사에서

세심교(洗心橋) 지나면 극락교(極樂橋), 극락교 산벼랑 위로 찌륵 찌륵 찌르르륵, 이름 모를 산새가 운다 더러운 가슴 자꾸 쪼아먹는다

바람소리 솔소리로 몸 씻으며, 풀잎들 하늘 향해 손 뻗는데, 아스라이 머리 풀고 손 뻗는데, 이제는 좀 지쳤나 보다 나 여기 잠시 멈춰 서서, 그만 손등으로 땀 씻는다

어디까지 왔나 산그늘에게 길 묻는다 문득 어디까지 왔나 저기 법당 옆 우물가에서 스님들 두엇 시시덕댄다 뭉게구름 한 아름씩 나눠 먹는다.

골짜기

1.
사람들 사이에 골짜기가 있다

누천년 사람들 사이에
저렇게 험한
저렇게 벅찬
골짜기 있다니 산골짜기가

2.
골짜기 사이에 사람들이 있다 남과 북, 신음소리로 떠 흐르는 사람들이 있다

철조망에 걸려 나부끼는 사람들, 휴지조각으로 흩날리는 사람들, 골짜기 사이에 사람들이 있다 북과 남, 비명소리로, 흘러넘치는 사람들이 있다

빙벽에 머리를 부딪는 사람들, 수레바퀴 채 무너지는 사람들

3.
사람들 사이의 저 골짜기를
막고 싶다 마구 일그러지는

사람들 사이의 저 골짜기를

쪼그려 앉아 똥을 누다보면 똥 속에서 넝쿨장미꽃 피어오른다 들쥐 떼들 몰려다니며 자꾸 엉덩이 쪼아대는데

골짜기를 막고 싶다 사람들 사이
저 골짜기를, 어지럽게 파인
골짜기를 막고 싶다 사람들 사이

일어나 오줌을 누다보면 오줌 속에서 넝쿨박꽃 피어오른다 땅벌 떼들 잉잉거리며 자꾸 사타구니 쏘아대는데.

하지만 사랑이여

이 세상에, 사랑보다 큰 것은 없다
사랑이여 보이지 않는 힘이여
그대 근육질의 어깨로
맨발로 산골짜기를 달려오는구나
벌판을 치달려오는구나
하지만 사랑이여
그대 두 눈에 보일 때까지
두 손에 잡힐 때까지
앉아서 기다릴 수만은 없다
치마끈 풀어 가만히 맞아들일 수만은 없다
이 세상에, 사랑이여
하느님 이름만큼이나 큰 사내여
그대 구릿빛 가슴에
숫처녀로 머리칼 묻고
한바탕 뜨겁게 울기 위하여
너와 나, 속적삼 꼭꼭 여미며
치달려가야 할 벌판이 있다
뛰어넘어 가야 할 산골짜기가 있다
사랑이여 이슥고 해방이여
이 세상에, 그대보다 큰 것은 없다.

코스모스, 가 바로 사람인 것을

사람을 사랑해야지 그렇지 사람을 사랑해야 하는데, 나는 왜 나의 사람들, 내가 아는 사람들, 온전히 사랑하지 못하지 통째로 사랑하지 못하지

욕망 탓이야, 하고 내 더러운 욕망 탓하며, 금강다리 건너 공주 가는 길, 한다리 건너 고향 가는 길, 가득가득 좌우로 피어 있는, 코스모스, 너희도 서로 미워하고 싸우니? 피투성이로 싸우니?

안 그렇지 안 그런, 차라리 너희를 사랑해야지 코스모스, 를 사랑해야지 하고, 바람에 흩날리는 코스모스, 의 윤기 나는 머리칼 쓰다듬으며, 금강다리 건너 한다리, 건너 고향 가는 길

그래도 그렇지 사람을 사랑해야지 사람을 사랑해야 하는데, 나는 왜 나의 사람들, 내가 아는 사람들, 있는 대로 사랑하지 못하지 그냥 그대로 사랑하지 못하지

욕망 탓이라고? 욕망의, 욕망의, 욕망 탓이라고? 그래도 그렇지 사람을, 평화를, 바로 너, 홍이를 사랑해야지 기껏 코스모스, 를 '싸랑' 하다니? 그러나그러나 빌어먹을, 코스모스, 가 바로 사람인 것을…….

넘겨다보는 북쪽

임진각 누대(樓臺)에서, 누대 커피숍에서 커피 잔 비우며 벼락출세한 동무들과 어울려, 저기 북쪽 하늘 찬찬히 넘겨다본다 저기 북쪽 하늘엔 무엇 있나 그리움 있나 기다림 있나

그렇지 철조망 있지 끊어진 자유의 다리 있지 부드러운 구름 속 총 든 괴뢰도당 있지 지독한 붉괭이 사상 있지 이리 승냥이 떼 있지 성냥 골로 이빨 쑤시며 그저 넘겨다보는 북쪽 하늘에는

그렇지 넘겨다보는 저기 북쪽 하늘에는 무엇 있나 임진각 누대에서, 누대 커피숍에서, 벼락부자가 된 동무들과 어울려, 넘겨다보는 북쪽 하늘에는 무엇 있나 조국 있나 역사 있나 또또 사랑 따위 있나.

일기
—1998. 2. 3.

친구들의 서러운 발걸음 따라 흐믈흐믈 '영산강'으로 걸어들어 갔다
침침한 불빛 속에서 서너 병의 소주와 홍어찜이 튀어나와
나와 친구들을 물어뜯기 시작했다
무엇 하나 남기지 않고 뜯어먹기 시작했다
어디 핏방울 한 점 남기지 않았다
먹는 동안은 아무 말도 하지 않았다
친구들 발걸음 또한 한 병의 소주와 홍어찜의 위장 속으로 찬찬히 녹아들어 갔다
이윽고 한 병의 소주와 홍어찜이 흐믈흐믈, '영산강'을 걸어나왔을 때였다
가로수와 아스팔트가 벌떡 일어나는 것이었다
싸가지 없는 놈들, 하며 마구 그들의 이마를, 가슴을, 정강이를 걷어 차댔다
기껏 '영산강'이나 들락거리다가 가로수나 아스팔트 따위에 처맞고 다니다니
겨울바람들이 재미있다고 깔깔거리며 지나갔다
저만치 빌딩들이 2인 1조로 우뚝우뚝 서 있었다 투구를 쓴 채 방패를 들고

오월 아침

징그러워라 올해도 오월 아침은
부스럼딱지로 온다 밤새 긁어대던
턱주가리며 종아리
광대뼈며 넙적다리
검붉은 살빛 한가운데로 온다
가려움증으로 최루탄가스 알레르기로

벌겋게 부어오른 제 몸뚱아리 내려다보며, 빌어먹을, 무슨 놈의 최루탄가스가 이렇게 독하담, 하고 봄바람이 코를 틀어막는다 그 참, 한심한 정치판이라니! 지쳐 찢겨진 은행나무 잎사귀도 끝내 참지 못하고 캑캑거린다 한마디 한다

어지러워라 올해도 오월 아침은
목마름으로 온다 밤새 긁적이던
사타구니며 젖무덤
귓바퀴며 목덜미
속살 벌건 안타까움으로 온다
가려움증으로 최루탄가스 알레르기로.

詩

—소낙비 한 줄금

사람들 피해 고개 푹 숙이고 길 걷고 있는데 문득 소낙비 한 줄금, 詩 한 줄금 쏟아진다 그 詩, 그 비, 발 굵다 뒹구는 낙엽들 후드득 소리를 내며 깜짝 놀란다

벌건 대낮 광화문 네거리 지하도 옆 그 비, 그 詩, 맞기 싫다 젖기 싫다 가로수 밑으로 후줄근해진 몸 피한다 그러다 그만 몸과 마음 후다닥 내던진다 詩에 푸욱 젖는다 새로 태어난 이 녀석 이름 중얼중얼 외운다

자동차들, 일제히 경적음 빵빵빵 울린다 세상, 가볍게 한 번 몸 떤다.

누구를 사랑한다는 것은

누구를 사랑한다는 것은
누구로부터 상처받는다는 것
너를 만나고 돌아온 날도
내 가슴은 온통 피투성이였다
깊이깊이 구멍 뻥, 뚫렸다
피투성이 내 가슴은
어금니 한번 꽉 다물었다 침 한번
꿀꺽 삼켰다 상처받지 않고
어찌 살 속의 뼈
아름드리 벽오동나무로
키울 수 있으랴 뼛속
꿈틀거리는, 솟구쳐 오르는
욕망덩어리 옳게 키울 수 있으랴
너를 만나고 돌아온 날도
내 마음은 자꾸
신음소리를 냈다 한쪽 귀퉁이
쭈욱, 찢겨져 나갔다 마른 오징어처럼
내 마음은 속삭였다
중얼거렸다 하소연했다
누구를 사랑한다는 것은
누구로부터 상처받는다는 것.

가로등에 대하여

가로등은 이미 낡았다 대문 밖 아스팔트 위 여전히 환하게 내리비추고 있지만 가로등은 벌써 까마득한 과거다 그리운 옛날 한 때는 가로등이 문명의 척도였던 시대가, 문명의 이기였던 시대가 있었다 참으로 아름답던 시대가……

하지만 가로등이 문명의 이기였던 시대는 아스라이 사라져 버렸다 가로등은 하나의 그리움, 떨어져 뒹구는 플라타너스 잎사귀, 찢어진 잎사귀, 잎사귀 위로 맺히는 참매미 울음소리, 가로등 불빛 속으로 손 흔들며 떠나는 연인들도 너무 낡았다

가로등 그 불빛, 그 쓰라린 세월, 겨우 허망의 날들을 껴안고 있는 불빛은 이제 지쳤다 컴퓨터가 저 혼자 시를 쓰는 시대, 시인 없는 시대가 이미 여기 이렇게 와 있다 저만큼, 아니 이만큼 고개를 늘어뜨리고 서 있는 가로등은 시방 많이 어지럽다.

고속도로에서

액셀을 밟는다 차창 밖으로
몸 던져 달려가는
버스와 트럭과 찝차와……
더러는 번쩍이는 외제 승용차도 달려간다

아득히 고향 마을이 보이고
당산나무도 보이고
길가에는 무더기로 흐드러지는 철쭉꽃
스쳐 지나가는 것들이
어찌 이것들뿐이랴

달리는 프라이드의 핸들 앞에 앉아
속도와 불안, 불안과 속도
전혀 아랑곳하지 않는다
차마 얼마나 즐거운 일인가

몸 던져 저렇게 달려가는
화물트럭 적재함에서는
채 속도를 이기지 못한
무우와 배추, 깻잎과 시금치 다발
우수수 떨어져 내리기도 하는데.

바윗덩어리들아

어금니 악다물고 있는 것들아
조용히 눈감고 고개 흔들고 있는 것들아
여린 가슴 잔뜩 안으로 감싸고 있는 것들아
그렇게도 속으로만 웅크려 떨고 있는 것들아
저희들끼리 모여 저희들 이름 부르고 있는 것들아
단단함으로 단단함 불러 단단함 다지고 있는 것들아
우기적거리며 제 아랫배에 힘 모으고 있는 것들아
그래도 속으로는 세상 죄 뒤흔들고 있는 것들아
오직 뼈다귀 하나로 뿌드득대고 있는 것들아
차마 제 마음 어찌하지 못하는 것들아
아흐, 여려터진 바윗덩어리들아.

매포역

머리카락 풀어헤친 채, 코스모스 강둑을 따라 흐느낀다
플라타너스 넓은 잎사귀를 흔들며, 바람은 불고, 또 자고 산 아래 저쪽 밭두둑에서 늙어 꼬부라진 농사꾼 하나, 날고구마 몇 입 크게 물어뜯는다
호락질에 지친 몸뚱이, 잠시 쉬는 거다
잠시 쉬는 사이, 쏜살같이 새마을 특급열차가 지나간다

강 언덕 이쪽 산마루에는, 노을 붉게붉게 익는다
역구내 낡아빠진 장의자에 앉아, 떠돌이 낯선 노동자 하나, 먼 하늘 바라보며, 한 봉지 우유, 한 봉지 비스킷으로 우기적우기적 허기 때운다 때우는 사이
구구구 산비둘기 떼 홰를 치며, 가슴 뻥, 뚫는다
하늘 가득가득 날아오른다.

호박넝쿨을 보며

두엄 구뎅이 뚫고 호박넝쿨 몇 순 담벼락 타고 오른다 가쁜 줄타기한다 오뉴월 마른 가뭄 뚫고, 따가운 햇볕 뚫고……

소낙비에 흠씬 몸 적시며, 마침내 담벼락 꼭대기에 올라, 가부좌를 틀고 내려다보는 호박넝쿨들, 장하구나 노랗게 피워 올리는 호박꽃들, 뽀얗게 드러내 놓는 젖통들, 굉장하구나

젖은 몸 털며, 발아래 시원히 굽어보면, 호박넝쿨들 시원하구나 와락, 현기증 밀려오기도 하는구나

하지만 여기 담벼락 아래, 두엄더미 아래 땅으로만 손 뻗으며, 납짝 몸 젖히는 놈들도 있구나 아프게 몸 비트는 놈들도 있구나

놈들이 피워 올리는 꽃들, 참하게 꺼내어 놓는 젖통들, 이라고 어찌 아름답지 않으랴 환하게 빛나지 않으랴.

안녕, 하고 손 흔드는 대전

걱정이라고는 전혀 없는 듯
엑스포에 몸 기대고
꾸벅꾸벅 졸고 있다가
저 혼자 맘 변해
불쑥 손 흔들며 내 곁을 떠나는 대전
대전이여 너는 내게 말했지
'편하게 살고 싶어!
이제는 헤어지자구'
개나리꽃, 어지럽게 흐드러지던 날
황사바람, 뽀얗게 일렁이던 날
너는 역광장의 기우는 시계탑 가리키며
거기 옮게 펴지는
저녁놀을 꼬집어 가리키며
비시시 웃었지 '고통은 이제
필요 없다구 더 늦기 전에
헤어져야지' 두터운 입술 씰룩거리며
느린 목소리로
대전이여 너는 내게
안녕, 하고 손 흔들었지
다른 한 손으로는, 엉큼한 늙은이처럼
젖빛 내 엉덩이

쓰다듬기도 하면서……

그럼, 마음 참 편한 대전이여 안녕.

지금 그 마음으로

지금 그 마음으로
처음 그 마음으로
살아라 한다 목백합나무 잎사귀
위로 고이는 아침 이슬처럼
그렇게 살아라 한다
내가 이런 말 할 수 있을까만 그래도
지금 그 마음으로
그 착한 마음으로
고향 들녘, 송아지 잔등 위
로, 쏟아져 내리는 봄햇살처럼
그렇게 살아라 한다
애초의 마음으로
지금 그 마음으로, 살아라 한다
내가 이런 말 할 수 있을까만 그래도
설레이는 참새의 앞가슴
앞가슴 털의 따뜻함으로
살아라 한다 처음 그 마음으로
시작하는 마음으로
살아 있을 때까지 살아
움직일 수 있을 때까지
꿈틀거릴 수 있을 때까지

저기 북한산 연봉 위
늙어 더욱 찬란한 소나무 등걸 하나
청청청, 솟아오르고 있다
솟아오르며 환히 웃고 있다.

송이눈의 아침

선달의 낡은 문 닫고
정월의 새 문 여는 아침
방아다리, 냉기 가득한 벌판 위에 서면
하늘을 우러러 서면
이마를 쳐들고 솟아오르는
저기 계룡의 연봉들……
이 아름다움 어디서 오지
이 그리움 어디서 오지
하며, 발밑의 말라 비틀어져 있는
해바라기 꽃판 위에도
찢겨 흩어져 있는 맨드라미 꽃술 위에도
눈 내리고, 송이눈 쏟아져 내리고
우리 맨손체조의 어깨를 뚫고
튕겨져 나오는 힘
누천년 서러움 모아
튀어 오르는 힘
힘이 이루는 꿈, 꿈들
방아다리, 얼어붙은 빌딩 숲 헤치고
까치 떼 날아와
꼬리짓으로 인사하는 아침
환한 목소리로 안녕, 하는 아침

묵은해의 절망 씻고
새해의 희망, 솜털처럼 뽀얗게
뽀얗게 피어 올리는 송이눈의 아침.

제3부

달

내 몸에는 달이 살고 있다 옥토끼의 달, 계수나무의 달, 때 되면 옥토끼는 아직 절구질을 한다 계수나무 그늘 아래 떡방아를 찧다 인절미며 쑥절편, 백설기며 시루떡 함께 나누어 먹는 달은 지금 많이 아프다

……흥건히 피 흘리는 달, 아랫도리 절룩이는 달, 내 몸의 물관부를 따라 출렁출렁 뛰어다니는 달……

뚜벅뚜벅 대보름이 다가오고, 마침내 몸 가득 채우는 달, 때로 달은 흘러넘치기도 한다 밖으로 빠져나가기도 한다 그러면 달빛 너무 지쳐 피빛으로 붉으죽죽하다 그 달빛, 세상 향해 촉촉이 내려앉는 모습, 보고 싶다 아름답게.

강, 산, 들

네 살은 홍시처럼 붉다 치솟는 젖무덤, 부푼 엉덩이 머리칼 흩날리며 달려오는 너는 강이다 산이다 기름진 들이다 그러면 나는? 나는 미칠 것 같은 마음 하나로 복사빛 뽀얀 네 허벅지 마구 파헤치는 살쾡이, 아직도 네 허리춤 와르락 끌어안고 있다

네 둔덕은 묵정밭처럼 거칠다 네 계곡은 여전히 깊고 어둡다 숲의 나무들, 암말처럼 튀어오른다 하여, 나는 봉두난발의 네 들뜬 앞이마, 오래오래 끌어안는다 그러면 너는, 미칠 것 같은 마음 하나로 다시 내 귓밥 핥는다 볼때기 마구 물어뜯는다

……오늘은 나도 폭포처럼 쏟아져 내리는 물줄기, 날아오르는 물안개…… 마침내 나도 네 부푼 엉덩이, 네 검붉은 아궁이 뚫고 일어서고 있다 온갖 생명들, 우루루 몸부림치는 강이여 산이여 기름진 들이여 네가 있어 한 세상 다시 환해지고 있다

강이여 산이여 오오, 흐벅진 들이여 네 속에 길이 있다니, 사랑이!

휘파람 부는 저녁

얼마나 빠른 속도로 달려왔기에, 아직도 그처럼 가슴 파아랗게 달구고 있는가

몇 억 광년을 두고 날아왔으면서도, 타는 제 가슴 미처 식히지 못하는, 별이여 별빛이여 가쁜 숨 몰아쉬는, 네 빛 닿는 곳마다 뽀얗게 불길이 이는구나

태초부터 배꼽과 배꼽으로 얽혀 있기에 너와 나, 단박에 이처럼 하나로 나뒹굴고 있는가

얼마나 먼 곳에서 달려왔기에 손과 손, 마주 비비며 일구는 네 열기, 온통 지구를 뒤덮고 있는가

푸르른 비파소리를 울리며 쏟아져 내리는 별이여 별빛이여 네 빛이 일구는 환희의 동그라미가, 오늘은 그대로 연꽃송이어라

숲 속의 풀여치도, 귀또리도 어둠 뚫고 달려와 밝은 얼굴로 호이호이 휘파람 부는 저녁 너와 나, 이미 질긴 동아줄로 얽혀 있구나.

사막

사막은 기어코 제 여윈 몸 비틀어
깊숙한 골짜구니 밑바닥 어디
바람 한 점 피워 올렸네
어미의 비쩍 마른 젖꼭지를 빨며
아등바등 자라나던 바람
순간, 회오리를 만들며 하늘로 날아올랐네
바람이 읽던 책, 바람이 듣던 음악,
우수수, 골짜구니 밑바닥으로 떨어져 내렸네
여기저기 떨어져 내린 것들을 주워 모으며
사막은 잠시 울음 삼키며 기도했네
모래알들도 따라 기도하는 동
문득 소낙비 한바탕 지나갔네
웬 걸, 소낙비가 다 지나가다니!
사막은 그동안의 슬픔 다 잊고
물기 촉촉한 제 사타구니 열어
잽싸게 낙타풀 한 무더기 키워냈네
낙타풀을 뜯으며 터벅터벅 낙타들이 지나가고
모처럼 환하게 웃는 황무지 사막……
그녀의 가슴은 여전히 버석거렸네
그래도 그녀는 비쩍 마른 제 젖꼭지 물려
무언가 자꾸 키워냈네 푹 젖은 어미의 마음으로.

털 없는 원숭이

돌 속에서 살 때 침팬지는 제가 곧 손오공인 줄 전혀 알지 못했다 끈질긴 인연이 있어 여의봉을 든 정의의 사도로 태어날 줄은 더더욱 몰랐다

털 없는 원숭이가 될 것도 알 까닭이 없었다 한심한 것들이라니……

벼락이 치고, 천둥이 치고 비바람 몸부림으로 울던 날, 불현듯 생명을 잉태한 돌은 차마 제 속의 피붙이…… 정성을 다해 침팬지로 키웠다

침팬지로 자라나면서 손오공이 되고 털 없는 원숭이가 되고 삼장법사의 법제자가 되고……

마침내 부처님이 된 법제자만이 제 몸이 돌로부터 왔다는 것을 알았다

부처님이 되기 훨씬 전 저 많던 털 없는 원숭이들…… 언제나 철없이 기고만장했다

제 아버지, 할아버지, 증조할아버지인 돌을 원숭이들은 한갓 돌

멩이로 여겼다 깨고 부수고 길바닥에 깔고 짓밟았다

둥근 고리가 끊기면서 돌은 이제 더 이상 어떤 것도 잉태하지 못한다 어쩌다 잘못 태어난 불구의 부처님만이 혼자서 적막했다.

꽁치

소금에 절여, 가스 불로 구운 등 푸른 바다 한 마리,

파아란 접시 위, 벌렁 누워서도 동그랗게 눈뜨고 있네

고향 그리워 차마 눈감지 못하고 있네

폴짝폴짝 튀어 오르는 이 집 아이들, 제비새끼처럼 쫙쫙 주둥이 잘도 벌리고 있네

엄마가 떼어주는 바다 한 조각, 재잘재잘 잽싸게 받아 처먹고 있네

등 푸른 바다 한 마리, 야금야금 스러지고 있네.

꿀벌 한 마리

늦가을 오후, 멀찍이 창가에 앉아, 컴퓨터 화면 들여다보고 있는데, 가만가만 날갯짓하는 꿀벌 한 마리, 윙윙거리는 소리 들려온다

꿀 가득 실은 채, 유리창에 자꾸 머리통 부딪는 소리……

들어온 구멍, 열려진 창틈 끝내 찾지 못하고, 친구들, 먼 마을 붕붕붕 날고 있는데, 햇살 한 오라기 그립겠구나 그만 날갯짓, 접어버리고 싶은 꿀벌 한 마리…….

등불

밤이 자꾸만 제 젖가슴 여며, 숲은 어두웠네
어디에도 길 보이지 않았네
문득 검은 소름이라도 돋는 듯 무서웠네
옥쥔 밤의 젖가슴 밟으며, 걷고 또 걸었네
한때는 열려진 밤의 젖가슴이
등불인 적도 있었네 그런 날에는
희미하게나마 길이 보이기도 했네
더러 밤은 몸 활짝 열어
길 걷는 발걸음들 제 안으로
포근히 끌어안을 때도 있었네
그것도 잠시, 별마저 눈을 감고 있기 때문일까
밤은 뭉클대는 제 젖가슴
옷깃 여며 단단히 감춰버렸네
숲에는 다시 어둠이 왔고, 어느새 캄캄한 동굴 속
그만 길 잃고 말았네
어디에도 등불 보이지 않았네
내 몸의 이끼들이 자라 숲 가득 채운 뒤
환한 등불로 피어오를 때까지는
손톱 세워 어둠의 옷깃 쥐어뜯으며
걷고 또 걸을 수밖에 없었네
어느 것도 더는 나를 아프게 하지 못했네.

허물어야지 벽, 되었다면

그대 정성으로 지은 집, 흙벽돌집 싸리나무 울타리 없을 수 없지 야트막한 담장 없을 수 없지 담장 밑 몸 가린 채 뒷물도 하고, 목물도 하고…… 그렇지 죄다 까발리기에는 무언가 부끄러운 것 있지 멋쩍은 것 있지

하지만 그 담장, 그 울타리 철조망 되어서는 안 되지 벽 되어서는 안 되지 콱콱 숨 막아서는 안 되지 마을 사람들 사이, 동네 사람들 사이 남과 북, 동과 서 철조망 되었다면, 벽 되었다면 허물어야지 부수어야지

싸리나무 울타리 밑, 야트막한 담장 밑, 나팔꽃 봉숭아꽃 분꽃 맨드라미꽃…… 그렇게 꽃들 심는 마음 있지 누구에게나 있지 그대, 자그마한 숨결 속에도 있지

꽃밭 위, 그렇지 살그머니 까치발 서서, 담장 너머 바라보는 재미, 울타리 너머 훔쳐보는 재미 때로는 그런 맛도 있어야 하지 그래도 그 담장, 그 울타리 철벽 수비로 되어서는 안 되지 철벽 공격으로 되어서는 안 되지

그대 떨리는 가슴 속, 서러움 속 야트막한 울타리 있지 흙벽돌 담장 있지 그렇게 가릴 수밖에 없는, 가난한 마음 있지 그런 쑥스러움 내게도 있지 누구에게나 있었지.

가족사진

눈더미 아직 성큼성큼한
지리산 산자락 타고 내려와
실상사 돌탑 아래
찰칵, 하고 사진 찍는다
두 아이와 한 여자,
흰머리 듬성듬성한 중년의 사내
거기 빙긋, 하고 박힌다
쫓겨 가던 겨울도 눈녹이물도
히쭉, 하고 웃는다 이미
때가 되었지, 하고
부푼 낯빛으로 봄바람이 분다
그 사내의 오랜 의무감이
감사하다, 감사하다 하며
봄바람에 몸 푼다 고개 끄덕인다
두 아이와 한 여자,
멀쩡하게 안경을 쓴 사내
해체해서는 안 될 어떤 엄숙한 운명도
찰칵, 하고 한 장 사진으로 남는다
실상사 오랜 돌탑도 거기 남는다.

명옥헌의 달

명혹헌 배롱나무 꽃무더기 위
누가 황금빛 그리움 하나
둥두렷이 띄워 올렸나
발걸음 옮길 때마다
아스라이 동쪽 산마루 넘어
해바라기 꽃판처럼
방긋대고 있는 저 낯빛 화사한 여인……
의, 사내는 누구일까
쭈빗쭈빗 물어볼 틈도 없이
서울 저쪽, 쭈그렁바가지의 달
드르르 딱딱 휴대전화 걸어
'정신차리세요, 여보!'
하고, 버럭 소리를 지른다
지나가던 초가을 바람
저 혼자 피시시 웃는다
그만 정신 차릴 기운조차 없다.

호박넝쿨이 자라는 속도라니!

책 속에 묻혀 혼곤히 밤새운 새벽, 창밖의 호박넝쿨이 자라는 속도로 살아야지, 하고 다짐한다 그것들 울바자에 기어오르는 속도로!

서울에서 멀리 떨어져, 저 혼자 외로운 진제 마을, 거기 옷가지들 함부로 널브러져 있는 방구석…… 그러고 보니 문득 시간이 몸 웅크린 채 멈춰 있다

형광등 불빛 너무 흐려, 벽면의 백색 무늬들, 너울거리며 아내와 아이들, 활짝 웃는 모습 만든다 식탁 위로, 보글보글 끓어 넘치는 된장찌개도 보인다

전화를 걸면, 시큰둥하는 食口들의 목소리…… 창밖에는 호박넝쿨이 자라는 속도라니! 하며 뽀르르 몰려다니는 젊은 바람들, 짜증스럽다는 듯 온몸 비틀며 떠들고 있다

창안에는 차마 속도를 이기지 못한 지친 목소리…… 허겁지겁, 바쁜 욕망들에게 허리춤 붙잡히고 있다 방바닥 가득 이불 속에서는, 오밀조밀 졸음 피어오른다 쌓여 있는 책들, 저 혼자 그만 푸시시, 웃는다.

낡은 집

겨우겨우 가슴으로 모시고 다니는 집, 전쟁통에 허겁지겁 정신없이 지은 집, 너무 낡았네

걸핏하면 굴뚝 밑 무너지는 집, 함부로 방고래 막히는 집 아궁이 가득 불덩이 처먹고도 방구들 뜨뜻하지를 않네

사람들 아랫목 이불 속 손 넣어보고는 아이, 차가워라 마음까지 얼어붙고는 하네

청솔가지 타는 냄새 매캐한 집, 도둑고양이들 우르르 몰려다니는 집, 고방 밑까지 우수수 무너지고 있네

전쟁 통에 지은 집, 다들 그러하네 이 집 수리하느라고 병원을 다니는 내게, 현일 스님은 그만 다 버리라고 하네

……버리면 어쩌지 이 낡은 집, 그래도 그 동안 나를 키워준 집.

섬

스스로의 生 지키기 위해
까마득히 절벽 쌓고 있는 섬

어디 지랑풀 한 포기
키우지 않는 섬

눈 부릅뜨고 달려오는 파도
머리칼 흩날리며 내려앉는 달빛

허연 이빨로 물어뜯으며

끝내 괭이갈매기 한 마리
기르지 않는 섬

악착같이 제 가슴 깎아
첩첩 절벽 따위 만들고 있는 섬.

노파
—공중무덤

산제비 한 마리 허공 떠돌다 여호와의 증인 같은 얼굴로 슬쩍 무덤 안 들여다본다

까맣게 커튼 내려져 있어 아무 것도 보이지 않는다

누구 없소 누구 없소, 버드나무 씨앗털들 날아와 겁난 목소리로 닫힌 창문 두드린다

기척 없다 아무도 깨어 있지 않다

벌써 여러 날 째 자리에 누워 미동도 하지 않는 노파, 너무 늙어 차라리 무덤 속이 편하다

앞뜰에서 뛰놀다 엘리베이터 콩넝쿨을 타고 기어 올라온 일곱 살짜리 훈이……

검시의원처럼 노파의 코끝에 귀 대어본다 푸우, 하니 숨소리 겨우 들린다.

카메라

고정된 카메라였다, 나는
건달처럼, 말뚝처럼, 전봇대처럼 커다란 외짝 눈망울을 하고 우두커니 서 있었다
겨드랑이에서는
수많은 전깃줄이 들어오고 나갔다
눈빛이 헤드라이트처럼 밝았다

눈빛 안으로 너는 끊임없이 들어오고 나갔다
나가고 들어왔다
어지럽게 뛰어다니기도 했다

어쩔 수 없이 나는 수많은 너를 찍어두어야 했다
달리는 너, 멈추는 너, 하품하는 너, 잠자는 너, 똥누는 너, 사랑하는 너……
너는 한 여자를 데리고 내 안으로 들어와
허기진 정사를 나누기도 했다

멈춰선 카메라였다, 나는
건달처럼, 말뚝처럼, 전봇대처럼 커다란 외짝 눈망울을 하고 멍청이 서 있었다
입도 없이, 코도 없이, 귀도 없이, 혀도 없이……

겨드랑이에서는
수많은 정보들이 들어오고 나갔다

눈빛이 너무 밝아서일까
기록되는 것이 두려워서일까
외짝 눈망울 향해, 헤드라이트 향해 너는 커다란 돌멩이를, 쇳조각을 던져댔다
쨍그렁, 쨍쨍 나를 깨뜨려버렸다

세상이 온통 캄캄했다
더는 네 몸을 찍어둘 수 없었다
그렇게 이별이 왔다,
붕괴가.

묵언의 밤

번쩍, 빛을 발하며 칼날들 몸속을 훑고 지나간다 찌르르, 귀뚜라미 울음소리 들린다

쩌억, 갈라지는 등줄기, 피범벅의 시간이 더는 참지 못하고, 잽싸게 뛰어들어 재봉틀을 밟는다

얼기설기 꿰매어지는 몸, 잠시 멍해져 몸속을 훑고 지나가는 칼날들, 바라본다

또 한 차례, 휘청휘청 파고드는 칼날들!

평생을 부엉이 울음소리와 함께 살아도 좋다, 하고 어금니를 깨무는 동안, 성한 곳 하나 없는 몸, 만신창이……,

끝내 견뎌내지 못하고 내 안의 각자 선생이 달려 나와, 만신창이의 몸을 훌쩍 어깨에 들쳐 멘다

종아리마다 불쑥불쑥 튀어나오는 검붉은 지렁이들!

징그러워하지 마라 지렁이들 꿈틀거려, 너는 아직 살아 있다, 하며 누덕누덕 기워진 몸이 낮게 내게 속삭인다

각자 선생이 곁에 있는 한, 번쩍 빛을 발하고, 칼날이 몸속을 지나가도 좋다, 하며 상처투성이의 시간이 저 혼자 중얼거린다

이윽고 칼날들, 찢어진 날개째 추락하는 소리 들린다.

빙판을 달리며

가로수마다 눈꽃들 피어 우우우 가슴 치솟는 저녁
차를 몰아 변산반도 어디 바닷길 달린다 제멋대로 미끄러지는 시간들에 쫓겨
내소사에서 일박해야지, 하는 마음
밀려드는 파도소리에
거듭거듭 씻어 말린다 마음 좀 더 따끈한 안방에 눕혀야지, 하고 달래며
자꾸 길 혹사하는 거다 눈꽃들 피어 만드는
찬란한 풍광 따위
아직은 즐길 겨를이 없지 언젠가는 돌아가야지 기어코 얼어붙는 눈길, 늦더라도 건너가야지
중얼중얼 주문 외우기도 하는 거다
눈 들어 차창 밖 시간들 바라보면
물거품 그만 숨 거두는 바다 위로, 터벅터벅 황소 한 마리
걸어가고 있다 등에 산 하나를 지고 있어
성자들처럼 저도 몸 많이 무겁겠지,
하는 마음 밀려온다 마음 싹둑싹둑 잘라내며, 빙판길 기엄기엄 밟아 가고 있는 거다
환한 낮빛으로 살다가
또다시 상처받아
함부로 버려지고 싶지 않은 거다 보아라 바다 위 황소도 스스로

를 채찍질하며
순식간에 얼어붙는 生의 수레바퀴
쉬지 않고 굴리고 있다 하얗게
눈꽃들 피우며 서 있는 가로수들도
내일 아침이면 다 녹아버릴 청춘의 운명, 멈칫멈칫 끌어안고 있다 마침내 가 닿을
등불 환히 켜진 집 한 채
항구의 등대처럼 땅거미 저쪽 깜박깜박 빛나고 있다
따끈한 아랫목에 발 뻗고 누워, 편안히 잠들기까지는
조심조심 빙판길 끝나 포도 위 달릴지라도, 가속의 페달 발 밑 깊이 감춰 두어야 한다
산수유 열매처럼 아직은 가슴 빨갛게 익어 가는 저녁.

땅끝 바다에서

바다를 바라지는 않아요 고귀한 어떤 것, 영원이라고 해도 좋아요 진실이라고 해도 좋고요 그런 어떤 것을 찾아 허겁지겁 달려온 날들이기는 하지요 어느덧 파뿌리조차 헤아리지 않는 세월이잖아요 그래요 여태도 당신이 바다이기를 바라지는 않아요

여객선에 몸 싣기 전 방파제를 향해 걸으며 그냥 올려다보는 하늘이지요 글쎄요 거기 옮겨다 심어놓은 스무 살의 마음이라고 해도 좋아요 눈망울 속 아직은 안개꽃 잔잔히 피고 있잖아요 유자나무 열매도 파아랗게 크고 있고요

당신이 마냥 먹구름일 리는 없지요
잠시 세월이 쌓아올린 먼지 따위라고나 할까요
넝쿨장미 몇 송이 꺾던 마음
책상 앞 사이다 병에 꽂던 마음
아직 남아 있잖아요 사이다처럼
화, 하고 싸아, 하던 마음 말이에요
의리니 고향이니 하는 것들에 쫓겨
오래 전에 그런 마음 까맣게 지워버렸다고요

희망 같은 것, 꿈같은 것 이제는 기억도 나지 않아요 골고다언덕을 기어오르던 예수님의 인내도 부럽지 않고요 동굴 속 함부로 버

려져 마리아를 부르던 마음, 그런 마음이 더러는 그립기도 하지요
무엇이라고 이름 붙여도 좋아요

가슴 가득 물거품만 울퉁불퉁할 뿐이지요 자꾸 파도가 울고 있어
그냥 산언덕을 내려와 방파제 위 휘적휘적 걸어보는 거지요 보세요
저기 갈매기 한 마리 날고 있네요 뱃고동도 부우웅, 하고 길 재촉하
고 있고요 그래요 여태도 당신이 바다이길 바라지는 않아요.

눈썹달

구름들, 눈썹달 쪽으로 검은 손아귀 자꾸 뻗어대네 머리칼 풀어헤친 채, 귀신처럼 으히히 웃어대네

이리저리 몸 비트는 눈썹달, 구름들의 손아귀에서 빠져 나오려고 안간힘을 쓰네

한겨울 칼바람 속, 기러기 떼 날아와, 구름들의 손아귀 콕콕콕 쪼아대네

아수라장 시끄러운 하늘가, 누런 소를 탄 동자승, 반쯤 눈감고 퉁소를 불며, 눈썹달 곁 지나가네

미끈한 다리와 날씬한 허리 알싸하게 놀려, 눈썹달 여기저기 검은 구름들 불러들였거늘!

시간이 하늘가 풍경을 바꿔놓네 전부터 이미 하늘가에 살고 있는 고통이라네

암탉처럼 통통하게 살이 오르기 시작한 눈썹달, 엉덩이 디룩대며, 어느덧 구름들의 검은 손아귀 맛있게 빨아먹고 있네

구름들 너무 놀라 허겁지겁 달아나고 있네 겨울 하늘가 가득, 새벽이 오고 있네.

황홀한 속도

무엇이 그토록 빨리 빙판길을 질주하게 했을까
황홀한 빛의 속도를 꿈꾸게 했을까
한 잔의 술? 기분 좋은 함박눈?
산자락 밑 다람쥐들도, 빠르게 자전하는 지구의 시간이 두려워, 함부로 숲 벗어나지 못하거늘,
문득 지상의 모든 행복이 환멸스러웠던 것일까
승용차의 브레이크를 밟자
급하게 미끄러지는, 어지럽게 회전하는 차체를
한꺼번에 들이받는 거대한 트레일러
굉음과 함께 솟아오르는 엄청난 불길
길 끝에 앉아 천천히 쉬고 있던 저승사자로서는
영문도 모르는 채 허겁지겁 달려와, 이미 영혼이 증발된 가족들의 육신, 천천히 거두어 갈 수밖에……
식어 가는 아내와 자식들의 단전이 쏟아내놓는
오랜 추억과 열망을 그는 지금
무엇과 맞바꾼 것인가 운명이라는 슬픈 단어로
사람들이 천국을 비는 사이
자신의 깨어진 골반에서 흘러내리는 핏덩이 위에 고이는 벅찬 햇살더미나 바라볼 수 있을 것인가
집 주위를 맴도는 텃새들도
걸핏하면 날아와 부딪는 것들이 두려워

본능적으로 거리를 만들거늘,

사람의 생이라는 것이 이처럼

대책 없는 기투의 연속이라는 말인가

잽싸게 세상의 온갖 것들

또 다른 세상 속으로 빨아들이고 마는 저 엄청난 구멍, 여기저기 까맣게 아가리를 벌리고 있거늘,

끝내 거리를 만들지 못해

차고 시린 속도 속에, 황홀한 구멍 속에

그는 시방 제 아내와 자식들 홀쩍 던져 넣고 만 것인가.

동행

내 작은 돛배 위로 아무런 인연도 없을 듯한 그녀가 내던지듯 제 짐을 싣고 훌쩍 올라탔을 때는 한동안 무섭고 두려웠다

이내 나른해진 항해, 그래도 그녀가 조금쯤 활기를 줄 수도 있다는 것을 알고 난 뒤부터는 뜻밖에도 세상을 해찰할 여유가 생겼다

돛배는 그렇게 기우뚱기우뚱 앞으로 나아갔다

노를 젓거나 키를 잡는 일은 바윗덩이를 깨고 부수는 일만큼이나 지치고 힘들었으므로 가끔씩 나는 그녀에게 일을 맡겨 피곤을 덜고는 했다 도끼를 들고 빙벽을 뚫어 길을 내는 일 —

스스로를 내던져 자청한 항해였으므로 오래지 않아 그녀는 내게 동업자임을 주장했다 좋았다 굳이 나는 그녀가 동업자임을 부인하지 않았다

하루씩 밤을 견디고 새벽을 맞이하면서 나는 이 돛배의 운명이 서서히 그녀의 뜨거운 열정 속으로 미끄러져 들어가는 것을 느낄 수 있었다 오히려 나는 그것이 편했다

때로는 누가 먼저랄 것도 없이 짜증을 내고 신경질을 부리기는 했지만 기껏 한 달에 한번 달이 뜨는 날 정도였으므로 나도 그녀도 충분히 참을 만했다

멈칫멈칫 긴장이 되기도 했는데……, 마침내 나는 용기를 내어 그녀에게 아예 항해사로 일해 줄 것을 부탁했다

기꺼이 책임을 맡는 그녀는 즐거운 마음으로 점차 항해의 전면에 나서기 시작했다 오래지않아 그녀는 이 돛배의 늠름한 선장이 되어

있었다

선장이 바뀌면서 항해는 더욱 안전해졌지만 귀신들의 시기와 질투는 더욱 그치지 않았다

금당바다, 눈먼 벌떼 귀신들이 소복을 한 채 눈빛 칼빛 쏘아대는 밤이면 진제 포구 방파제 밑으로 숨어든 선장과 나는 서로를 부둥켜안은 채 땔나무처럼 으시시 떨며 울기도 했다

잔인한 것들이라니! 때로 성난 파도는 예리한 칼을 들어 그녀의 왼쪽 가슴을 도려내기도 하는 등 발광을 떨었다

더 이상 고통을 참지 못해 그녀가 풍뎅이처럼 뒤집혀져 선실 바닥에 나뒹굴기라도 하면 나는 그만 거기 쪼그리고 앉아 물 젖은 헝겊뭉치처럼 뚝뚝 눈물을 흘려야 했다

그런 날이면 언제나 내 마음 속에는 극기, 인내, 정성, 아이고 하느님, 부처님 따위의 말들이 떠오르고는 했다

풍랑의 날들을 용케 견뎌내면 파도는 게거품의 제 주둥이를 훔쳐내고는 잽싸게 숲 속 골짜기로 스며들어 뻔뻔하게 잠들어 버릴 때가 잦았다

이렇게 평화가 오고, 한결 몸이 가벼워진 나는 더러 그녀와의 오랜 항해보다는 길가에 흩어져 있는 산딸기며 제비꽃 따위가 풀어내는 향기에 취해 비틀거리는 등 이런저런 곁불을 쬐기도 했다

내 작은 돛배의 항해는 계속되었고, 나는 이름뿐인 선장의 날들을 찬찬히 아파하면서도 즐겼다 더는 모진 풍랑이 없기를 빌 뿐이었다.

무인도

무인도는 밤새 이글대는 불덩어리로 앓았다
너무 뜨거워 그만 바닷물 속으로
제 몸 담가버리고 싶었다 눈감고 편안히
잠들어버리고 싶었다 처음 제 몸
물 밖으로 밀어 올렸을 때는
자신이 일구는 풀과 나무가
신의 축복인 줄 알았다 그런 마음으로
제 몸 가득 숲을 키우며 무인도는
새와 짐승들 불러들였다 天命을 아는
시간을 살고 나서야 무인도는
제 몸이 싫어지기 시작했다 이마며 목덜미를 덮는
괭이갈매기들의 저 더러운 똥들이라니?
사람들이 살고 있지 않으니 누구 하나
씻어주지를 않았다 냄새나는 제 마음이 싫어
무인도는 밤새 이글대는 불덩어리로 앓았다.

제4부

서산 마애불

억만년 바위 속에 갇혀 지내다가
불쑥 튀어나왔기에
마냥 좋아 헤벌쭉 웃고 있는 거니?

둥굴둥굴, 넓적넓적!

너무 오래 바위 속 묶여 살다가
제 집 툭 깨뜨리고
뛰쳐나온 손오공처럼?

아니니? 그럼, 저기 저팔계처럼?
삶은 도야지의 얼굴로
멋쩍게 웃고 있는 거니?

넓적넓적 둥굴둥굴!

윗입술, 사과빛으로 곱게 물들어!
아랫입술, 홍시빛으로 붉게 물들어!

빨래하는 맨드라미

담벼락 밑 수돗가에 앉아
맨드라미, 옷가지 빨고 있다 지난여름
태풍 매미에 허리 꺾인 어머니
반쯤 구부러진 몸으로
여우비 맞고 있다 도무지 세상 물정
모르는 이 집 장남
그러려니 떠받들고 살아온
맨드라미, 텃밭이라도 매는 자세로
시든 살갗, 쪼그라든 젖가슴
얼굴 가득 검버섯 피워 올리고 있다
톡톡 터져 오르는 큰자식의 마음
비누질해 빨고 있다 어머니
가는 팔뚝, 깡마른 종아리
비 젖어 후줄근해진 몸으로
이 집 장남의 지저분한 아랫도리
땅땅, 방망이 두드려 빨고 있다.

호숫가 수치심

수치심이 내 어깨에, 아랫배에, 허벅지에 자꾸 칼날 쑤셔 넣는다

호숫가 산책길, 제 가슴 마구 쥐어짜는 이 녀석, 수치심의 칼날에 발바닥을 찔려 걸음걸음 피가 흥건하다

버려진 맥주병, 뒹구는 농약병, 흩날리는 비닐봉지며 찌그러진 콜라 캔까지 네 활개를 치고 있다

수치심은 이것들 문명의 찌꺼기들 속에서 튀어나와 내 몸을 노린다

저도 잘 알고 있기 때문일까 휘청대며 들길 따위나 걷고 있는 내 발걸음의 미래가 텅 비어 있다는 것을!

발걸음의 미래가 텅 비어 있기는 이 녀석 수치심도 마찬가지다

호숫가 산책길, 더욱 비틀거리는 수치심이라는 놈의 절망에 발바닥을 찔려 걸음걸음 피가 흥건하다

아무데서나, 아니 문명의 찌꺼기들을 뚫고 나와 제 몸에 함부로 칼날 따위 세우는 이 짜샤, 수치심이라니!

고등어

하늘 높이 둥근 달 빙그레 떠 있고
뭉게구름 푸시시 떠 있는
새하얀 접시 위
알몸으로 나는 누워 있다

흑진주처럼 빛나는 내 몸에서는
잘 구운 생선 비린내가 난다

대나무 젓가락 여섯 짝
꼿꼿하게 서서
고소하게 잘 익은 내 엉덩이
야금야금 뜯어먹고 있다

아프지 않다 나는 없다
이미 젓가락 여섯 짝이 되어 있다

접시 위, 뭉게구름 옆으로
호랑이를 탄 산신령
흰 수염 날리며 유유히 지나간다

수수꽃다리 향기, 파랗게 일렁이며
식탁 위 엉금엉금 기어오르고 있는 봄밤.

바퀴 달린 구두

구두는 가만히 앉아 있지를 못한다
엉덩이 너무 가벼운 구두, 오토바이 바퀴라도 되고 싶은 구두, 구두라는 이름이 붙어 있는 한
구두는 달리지 않고서는 견디지 못한다

더 이상 구두는 어느 한 곳에
머물러 있지 못한다 구두라는 이름으로 불리게 되면서, 구두는 도시의 한복판을 달리지 않을 수 없도록
운명 지어진 거다 둥글둥글 바퀴를 타고

옛날 짚신은 온종일 걸었다
뒷짐을 지고, 단장을 짚고, 숲속 오솔길 어디, 시냇가 논두렁 어디, 산골짜기 밭두렁 어디
짚신은 그렇게 두렁두렁 살았다

지금 구두는 온종일 달린다
이제는 누구도 조용히 걸을 수 없는 소음의 세상이 된 거다 구두라는 이름이, 지금의 구두를
도시의 중심으로 내몰고 있다

흙 한줌은커녕 낙엽 한줌조차

밟지 못하는 구두, 번쩍번쩍 빛나는 구두, 저 스스로 달리지 못하면 낡아빠진 프라이드 바퀴라도 타고,
인터넷 파도라도 타고 달린다

이제는 너무 지쳐 숨 헐떡이는 구두
더러는 후미진 골목길 어디, 쓰레기통 근처 어디, 다리 쭉 뻗고 질펀하게 누워버리고 싶을 때 있다
뼈마디 욱신거리는 구두, 옆구리 툭 터진 구두!

둥근 슬픔

슬픔은 뱀인가 둥글둥글
내 안으로 기어들어와
똬리를 트는 징그러운 뱀

슬픔은 물인가 방울방울
먼 우주로부터 날아와
머리카락 적시는 물

한여름의 장맛비처럼
몸 적시고, 맘 적시고
마침내 얇은 가슴 뚫고……

샘물처럼 슬픔은
솟구쳐 오르는가 죽순처럼
슬픔은, 뱀처럼 슬픔은

자꾸 대가리를 쳐드는가
내 안 가득 똬리 튼 채
긴 혓바닥, 욕망처럼 날름대는가!

슬픔은 무엇인가

미몽의 내일이고 모레인가
딛고 넘어서야 할
어두운 역사인가 아픈 오늘인가!

淸明前夜

머릿속 지푸라기로 가득 차오른다
밥 짓기 싫어
라면 끓여 저녁 끼니 때운다

라면에는 신김치가 제격이다

생수병 들어 꿀꺽꿀꺽 물 마신 뒤
소매깃 집어 쓰윽, 입 닦는다

담배 한 대 피워 문 채
베란다로 나간다 멍한 마음으로
아래 쪽 화단 내려다본다

샛노랗게 지저귀고 있는
개나리꽃들 사이
철늦은 매화 몇 송이 뽀얗게 벙글고 있다

저것들은 좋겠다 외롭지 않겠다

쉰의 나이를 넘기고서도
라면으로 끼니를 때우는 것은

무언가 크고 높고 귀한 것이 있기 때문이다

지푸라기로 가득 찬 머릿속
디룩디룩 굴려본다 본래 사랑은
차고 시고 아리게 크는 법.

내 안의 외뿔소

내 안에도 남들처럼 여러 놈의 내가 살고 있다는 것을 처음 알았을 때는 잠시 혼란스러웠다

몇 마리의 나, 몇 놈의 나, 몇 개의 나, 몇 포기의 나, 몇 자루의 나…… 심지어는 낯 뜨겁게 몇 새끼의 나까지도 내 안에 살고 있었다

아무리 따져 봐도 내 안의 저 많은 나들 가운데 어느 놈이 진짜 나인지 알기 어려웠다

시간에 따라, 장소에 따라 수시로 얼굴을 바꾸는 나를 지켜볼 때마다 나는 내가 싫었다

내가 무슨 카멜레온이라도 되는가 함부로, 제멋대로, 뻔뻔하게, 아무데서나 얼굴을 바꾸게!

한편으로는 이렇게 많은 나를 내가 크게 미워하지 않으며 잘 살고 있는 것이 대견하기도 했다

대견하다니? 정작 대견한 것은 내 안의 또 다른 나 가운데 외뿔소라는 놈이 살고 있다는 것이었다

외뿔을 들이밀며 제 생의 평원을 향해 불쑥불쑥 걸어 나가는 외뿔소라는 놈!

이놈은 인내심과 성실을 상표로 삼아 제게 주어진 역사를 향해 언제나 뚜벅뚜벅 잘도 걸어 나갔다

너무도 느려터진 이놈으로 하여 나는 내 안의 수많은 나와 크게 다투지 않으면서도 그런 대로 잘 살 수 있었다

가끔은 어디서든 불쑥불쑥 제 주둥이를 열어젖히는 놈이 있어 마음이 상할 때도 있기는 했다

내 안의 나와 심하게 다투고는 내 안의 또 다른 나의 목에 동아줄을 걸고 싶어 안달복달하던 내가 얼마나 많았던가

이런 나는 끝내 고통을 견디지 못해 훌쩍 이 세상에서 저 자신을 지워버리고 싶어 우울해하고는 했다

그러니 내가 어찌 내 안의 수많은 나와 잘 놀기 위해 서로를 다독이지 않을 수 있겠는가 내 안의 저 싸가지 없는 나들을!

시간의 불수레를 타고 종종대며 달려가다 보면 더러는 꽤 괜찮은 나를 만날 때도 있기는 했다.

매화원에서

나는 없네 나를 털어 바친
매화원, 꽃송이들만 앞 다투어 피고 있네

보게나 꽃송이들로
피어나는 나일세

꿀벌들, 윙윙대는 날갯짓도
때로는 나인 적 있네

그렇네 꽃향기로
번져 가는 나도 있네

매화꽃, 꽃진 자리
오물오물 알져 오르는 저 열매들!

열매들 뽀얗게 자라
푸르른 하늘, 흰 구름
제 속에 가득 담기도 하네

나는 없네 나를 털어 바친
바람으로 물결로 떠 흐를 뿐이네.

무량사 길

무량사 길은 눈 내리는 숲길
지팡이를 짚고 터덜터덜 걸어서 가야 하리
주막을 만나면 주모가 되어
육자배기 한 가락쯤 부르면서 가야 하리

무량사 길은 출렁이는 바닷길
돛배를 타고 쉬엄쉬엄 흘러서 가야 하리
항구를 만나면 뱃고동이 되어
한바탕 소리쳐 울면서 가야 하리

무량사 길은 거친 사막길
낙타를 타고 꾸벅꾸벅 졸면서 가야 하리
오아시스를 만나면 오아시스가 되어
샘물 퐁퐁퐁 뿜으면서 가야 하리

무량사 길은 아픈 비단길
오랜 꿈 벗 삼아 우즐우즐 떠돌면서 가야 하리
희망을 만나면 희망이 되어
국밥 한 그릇씩 나눠 먹으면서 가야 하리.

양심

양심은 한 덩어리 새하얀 비누, 온갖 욕망에 쫓겨 더러워지고 추해질 때마다, 몸과 마음 부지런히 치대어 빨았네

콱콱 문질러대도 닳지 않던 비누, 한때는 닳아도 금방 제자리로 돌아오고는 했네

50년을 넘게 더럽혀지고 추해진 몸과 마음, 습관적으로 빨아왔기 때문일까

상아토막처럼 희고 단단하던 비누, 조각나고 부서져 목욕탕 한구석 나뒹굴고 있었네

더럽혀지고 추해진 몸과 마음, 조각나고 부서진 비누로는 빨 수 없었네 꼬질꼬질 때가 절어도, 더는 어찌할 수 없었네!

떠돌이의 밤

오랫동안 외지를 떠돌다가 돌아온 밤이다
긴 장마의 끝, 가슴까지 눅눅해진 밤이다

유리창에 매달려 있는 물방울들!
저도 외로워 동그랗게 몸 오므리며 떨고 있다

담배 연기로 만드는 따뜻한 도넛들!
하얗게 피어오르며 식욕을 돋우고 있다

몸보다 먼저 침대 위에 눕는 마음들!
자갈더미라도 밟은 듯 서걱대는 소리를 낸다

가슴속 붉은 해당화 열매 저 혼자 붉는 밤이다
버리지 못하는 것들 너무 많은 밤이다.

해바라기 꽃판

내가 흙이었을 때 나는 혼자가 아니었다
촉촉한 물기와 따스한 양분과 부푼 운기와…… 지렁이의 씨앗들이며, 방아개비의 똥들이며, 풀씨들의 무수한 껍질까지도
범벅대며 더불어 살고 있었다

굼벵이의 하얀 씨앗보다는
해바라기 초록 새싹이 되고 싶었고, 파란 꽃대궁이 되고 싶었고, 와와 해를 따라 몸을 비트는
노란 꽃판이 되고 싶었다

이윽고 나는 해바라기 노란 꽃판이 되었다
꽃판이 되어 주근깨를 닥지닥지 달고 뚱뚱해진 얼굴로 화들짝, 잠을 깨고 있을 때였다
한 소년이 내 볼에 제 여린 입술을 부비며 씨익, 웃었다

왠지 소년과는 몸을 바꾸고 싶지 않았다
소년이 겪어야 할 외로움과 쓸쓸함과 허전함이 너무도 안타까웠다
한 때의 내 모습이 반가워 (먼 옛날에는 나도 소년이었고, 청년이었다) 툭, 하니 주먹으로 소년의 어깨를 치기도 했다

차라리 흙이 되기 전의 모래알이 그리웠을까
자갈돌이, 바윗덩어리가……
바윗덩어리였을 때는 어리석게도 아랫배에 손오공을 품고 무통의 세월을 마음껏 졸고 있다고 생각했다
봄만 알고 겨울은 모른 셈이었다

끝내는 그냥 해바라기 노란 꽃판으로 살기로 했다
주근깨처럼 다닥다닥 달려 있는 저 생명들, 죄죄 약으로 끌어안으며…… 그때였다 먹구름을 뚫고
우르르 쾅쾅 천둥과 번개가 쳤고
소낙비가 쏟아져 내렸다 하늘이 환했다.

해바라기 씨앗으로 땅에 떨어진 나는 천천히 또 다른 무엇으로 몸을 바꾸고 있었다.

첫눈 아침

첫눈 아침, 바윗돌처럼 단단한 한기 품고
시리게 얼어붙은 웅덩이 속 헤매고 있다

아침 첫눈, 하얗게 번져오는 햇살 품고
막 눈 뜨는 시냇가 버들개지 위 떠돌고 있다

너무 추워 큰 귀때기 쫑긋대는 산노루의 걸음으로
첫눈 아침은 내일 아침에나 온다

너무 시려 빨간 코끝 벌룽대는 꽃사슴의 걸음으로
아침 첫눈은 모레 아침에나 온다

내일 모레, 내일 모레, 내일 모레……
반야심경처럼 외워 보는 꿈

모레 글피, 모레 글피, 모레 글피……
법구경처럼 외워 보는 희망

버석대는 명아주의 꽃대궁을 밟으며
느릿느릿 걸어오는 첫눈 아침이 있다

뽀얗게 껍질 벗는 버짐나무의 줄기를 걷어차며
터벅터벅 걸어오는 아침 첫눈이 있다

그것들, 오늘 여기 있지 않아 마음 환하다
그것들, 지금 여기 있지 않아 가슴 벅차다.

똥 밟은 날

오늘 아침 갑자기 똥 밟았다 너무 미끄러웠다 자빠지는 몸, 겨우 일으켜 세웠다

오늘 아침 밟은 똥, 되게 쿠렸다 휘청대는 하루, 간신히 추켜 올렸다

사람들 함부로 만나지 말아야지 만나기는 하더라도 진한 술자리는 피해야지

장마당 저쪽 고개를 돌리면 자꾸만 어지러웠다 동백꽃들 떨어지며 만드는 꽃멍석, 밝고 환했다

더는 머뭇대지 않기로 했다 꽃멍석 쪽으로 발걸음 옮겼다 사는 일 죄 아스라했다.

백반천국

24시간 편의점이 아니다 24시간 밥집이다 백반천국이다 천국처럼 언제나 불빛 환한 식당이다

자정이 넘은 시간, 죽음을 넘어서기 위해, 죽음과 친해지기 위해, 죽음을 먹기 위해 천국의 밥상 앞에 앉는다 또다시 독상이다

아무도 살지 않는 천국, 달그락거리는 젓가락질 소리만 들린다 가끔은 묵은 신문 뒤적이는 소리도 들린다

어제에서 오늘로 넘어가기 위해 먹어치우는 한 공기의 밥, 두 접시의 나물, 한 대접의 국…… 밥상 위의 반찬들 주둥이 삐쭉대며 웃는다

꾸역꾸역 저희들을 처먹는 모습이 저희들 보기에도 우스운 거다 우스워도 천국은 천국인 거다

혼자 먹어도 밥은 하늘이다 하늘을 사는 밑천이다 24시간 편의점이 아니다 24시간 밥집이다 백반천국이다

봄, 거창에서

잠 덜 깨어 졸린 발걸음으로
시외버스 정류장 근처
허름한 국밥집 찾아
불쑥 들어간다 느릿느릿 아침밥 몇 숟가락 뜬 뒤
근처의 강가에 나와 앉는다

흐르는 강물 마주한 채
묻고 또 묻는다
무슨 역사 따라 나, 여기까지 왔나
떨어져 쌓이는 저 벚꽃 잎에게도
영혼이 있나

바람이 불고
꽃잎들 속에서 새들이 운다
몸 일으켜
맨들맨들한 호박돌 위로 옮겨 앉는다
날갯짓하는 나비 떼들
언뜻언뜻 내 마음 끌고 다닌다

고개를 돌리면
재잘재잘 지껄이며 흐르는 강물 위

새하얀 물거품 따라
수많은 중음신들 날아오른다

시외버스들 끊임없이 들고나는데
정류장 근처 강가에 나가 앉아
잠시 넋 놓고
길 잃는다 길 잃고
여기 무슨 아픔 있나
무슨 역사 있나 묻고 또 묻는다

흐르는 강물 손으로 퍼올려
마음 적셔 본다 강물은 이미 역사를 싣고
저만치 흘러가고 있거늘
여기 무슨 사랑 있나 무슨 사랑 있어
나, 여태 그리움에 젖나
묻고 또 묻는다.

석모도의 저녁

폴더를 열고 핸드폰의 버튼을 누르자 3백리 저쪽에서 더듬거리는 아내의 목소리가 들려왔다

나머지 한 쪽 가슴에서도 뭉클, 멍울이 만져진다는……

아내의 목소리가 하얗게 떨려 내 목소리도 하얗게 떨렸다

서둘러 광주를 떠나 서울로 왔지만 아무 말도 하지 못했다 하늘만 노랗게 어지러웠다

우왕좌왕 하루를 보내고 일요일 아침, 아내를 차에 싣고 어디론가 달렸다

도착해 보니 강화도였고, 도착해 보니 석모도였다

아름드리 소나무들이 그윽한 오후, 보문사 대웅전에 엎드려 울었다

우느라고 기도는커녕 살려달라고 빌지도 못했다

어느새 절간 가득 샛노란 황혼이 내리고 있었다

석모도의 저녁, 긴 계단을 걸어 내려오는 동안 아내가 도리어 걱정 말라며 내 어깨를 툭툭 쳤다

땅거미가 내려 사방이 캄캄해지자 멀리 인천 앞바다의 불빛들 환하게 반짝이기 시작했다

불빛 따라 차를 몰다 보니 눈가가 다시 보송보송해졌다 차츰 내 일이 보이기 시작했다

문득 나머지 한쪽 가슴마저 없어져도 살 수만 있으면 좋겠다는 생각이 밝게 이마에 불을 밝혔다.

남한민국, 1999년, 봄

원래는 하나였던 감자떡이 둘로 갈라져 등 돌리고 있다 씨부렁대며 서로 짓씹고 있다 아휴, 한심한 녀석들이라니, 하며

감자떡들, 때로는 슬쩍 손가락을 펴 서로의 옆구리를 찔러 보고도 싶으리라 얼굴쯤이야 까짓것 빤히 마주하고도 싶으리라

그래도 아직은 그럴 여유 없다 그럴 자유 없다 거듭거듭 지껄여대야 제 몫 챙기리라

고개를 돌리면 또 다른 감자떡이 이 모습 눈 부릅뜬 채 지켜보고 있다 거친 삿대질 준비하고 있다 아휴, 돼지새끼들 하며

바다 건너 저쪽 산언덕 아래 주둥이 불룩하게 감자떡 처먹고 있는 진짜 돼지새끼들! 감자떡들의 이 모습 너무 재미있는지 빙긋빙긋 웃어대고 있거늘.

초식동물의 피

이 땅에서 선조들이 어떻게 살아왔는지 나는 잘 모른다

염소처럼 작고 조그만 눈, 토끼처럼 크고 두툼한 귀, 수탉처럼 헐떡이는 작은 가슴이 유전자에 박혀 있는 것을 보면 선조들 또한 산천초목을 호령하던 사자나 호랑이는 아니었던 듯싶다

그들 역시 기껏해야 마을 주변이나 맴도는 초식동물 따위로 자분자분 들판을 일구며 겨우겨우 목숨을 부지해왔으리라

이런 선조들의 후손인 내가 무릎을 다쳐 지금 절룩이며 걷고 있다

단지 돌부리에 걸려 넘어졌을 뿐인 데도 엉성하기 짝이 없는 유전자가 자꾸만 상처를 키우고 있다

그래서일까 입고 있는 옷도 남루해 보이고, 벗고 있는 마음도 남루해 보인다

절룩이는 다리도 남루해 보이지만 이 모든 것이 시간이 만드는 일이라는 것을 내 어찌 모르랴 마음이 만드는 일이라는 것을!

초식동물도 동물인 만큼 내게도 와락 더운 피 돌 때가 있다

가슴 가득 별빛으로 설움 쏟아져 내릴 때가 있다

더러는 그리움의 낯빛을 하는 저 별빛…… 용케 잘 견뎌내고 있는 나는 초식동물의 피를 받은 것이 늘 고맙다

출렁이는 강물을 따라 황금 부스러기 달빛을 밟으며 들일을 마치고 성큼성큼 집으로 돌아왔을 선조들을 생각하면 오래오래 아랫배가 빽빽해지고는 한다 사랑과 믿음이 생기고는 한다.

삼베빛 저녁별

삼베빛 저녁별, 자꾸만 뒷덜미 잡아당긴다
어지럽다 아랫도리 갑자기 후들거린다
종아리에 힘 모으고 겨우겨우 버티고 선 채
흐르는 강물, 물끄러미 내려다본다
산언덕을 덮고 있는 조팝꽃처럼
마음 몽롱해진다 낡은 철다리조차
꽃무더기 함부로 토해 놓는 곳
간이매점 대나무 평상 위 털썩 주저앉는다
싸구려 비스킷 조각조각 떼어먹으며
따스한 캔 커피 질금질금 잘라 마신다
초록 잎새들, 팔랑대는 저 아기 손바닥들
바람 데려와 코끝 문질러댄다
쿨룩쿨룩 삼베빛 저녁별 잔기침하는 사이
강마을 가득 들뜬 발자국들 일어선다
싸하게 몸 흔들며 피어오르는 철쭉꽃들
벌써 물속의 제 그림자 까맣게 지우고 있다.

살쾡이 한 마리

숙취의 느지막한 아침, 새하얀 수세식 양변기 위, 봉두난발의 살쾡이 한 마리, 퀭한 눈망울을 하고 멀뚱히 앉아 있다

양변기 뒤쪽
비눗물 자욱 너저분한 커다란 거울
숙취로 더럽혀진
어젯밤 죄…… 비추고 있다

새로 지은 원룸 아파트 안팎, 온통 캄캄하다 환하게 빛나는 것은 어디에도 없다 아흐, 이 사람 각자 선생이라니!

쉰

더는 뜻 세우지 못하리 더는 어리석어지지 못하리 더는 천박해지지 못하리 더는 사랑에 빠지지 못하리

더는 술 취해 길바닥에 나뒹굴지 못 하리 더는 비 맞은 초상집 강아지 노릇 못하리

가을이 오면 호박잎 죄 마르는 거지 늙어빠진 알몸 절로 불거지는 거지 담장 위 누런 호박덩어리 따위 되는 거지

그렇게 가부좌 틀고 앉아 유유히 세상 내려다보는 거지 가난한 마음 더욱 가난해지는 거지.

제5부

민들레꽃

농협창고 뒤편 후미진 고샅, 웬 낯빛 뽀얀 계집애 쪼그려 앉아, 오줌 누고 있다

이 계집애, 더러는 샛노랗게 웃기도 한다 연초록 치맛자락 펼쳐, 아랫도리 살짝 가린 채

왼편 둔덕 위에서는 살구꽃 꽃진 자리, 열매들 파랗게 크고 있다

눈 내려뜨면 낮은 둔덕 아래, 계집애의 엄니를 닮은 깨어진 사금파리 하나, 반짝반짝 빛나고 있고.

오월이라고

오월이라고 오동꽃 벙글어진다
아까시꽃 하얗게 웃는다
새끼 제비들 벌써 빨래줄 위에까지 날아와 앉는데
모란꽃 뚝뚝 떨어진다
한바탕 흙먼지를 날리며 회오리바람 분 뒤
타다다다, 여우비 쏟아진다

지난 1980년대 이후, 꽃 피고 지는 오월
함부로 노래하지 못했다
최루탄가스로 가득 찬 역사에 들떠
꽃이나 나무 따위 들여다보지 못했다

오월이라고 눈 들어 숲 바라보니
반갑다고 오동꽃 눈 찡긋한다
어이없다고 아까시꽃 헛기침한다
이제는 꽃이며 나무와도 좀 친해져야겠다
저것들, 이승 밖에서부터 나를 키워준 것들
너무 오래 버려두어 많이 서럽겠다.

주산리 꽃잔치

화들짝 피어오른 벚꽃들
송이눈으로 흩날리고 있다 목련꽃들
아직 젖가슴 퉁퉁 불어 있다
막내아우의 생일이라고
형제들 주산리 오막살이로 모여든다
아내가 옆집에서 어린 상추를 얻어와 씻는 사이
나는 차 몰고 시내에 나가
돼지삼겹살 몇 근 사온다
고기 굽는 냄새가 피어오르자
조카 놈들, 입 딱딱 벌리며 달려든다
노란부리의 제비새끼 같다
이 모습 바라보며 제수씨들
신이 나는 모양이다 아내도
흐뭇한지 베시시 웃는다 누이동생 내외도
조금 늦게 도착해 너스레를 떤다
개나리며 진달래도 낯빛 환하다
민들레며 제비꽃도 눈웃음친다
한창 꽃철인데 그냥 말 수 있겠냐며
마음 들뜬 어머니가, 형제들
한 자리로, 주산리 오막살이로 불러들인 것이다
벚꽃들 송이눈으로 마구 흩날려

막내아우 생일잔치, 꽃잔치다
형제들 모여 벅적대는 것 너무 좋아
어머니의 입, 함박만 하게 벌어진다.

상수리나무들아

상수리나무들아 상수리나무 둥치들아
너희들이 좋구나 너무 좋아 쓰다듬어도 보고, 끌어안아도 보고, 그러다가 상수리나무들아 상수리나무 둥치들아
나, 너희들 들쳐 업는구나 너희들, 나 들쳐 업는구나
우거진 잎사귀들 속, 흐벅진 저고리 속
으흐흐 젖가슴 뭉개지는구나
상수리나무들아 상수리나무 둥치들아
그렇구나 네 따뜻한 입김,
부드러운 온기 속으로
나, 스며들고 있구나 찬찬히
울려 퍼지고 있구나
너희들 숨결, 오래오래 은근하구나
상수리나무들아 상수리나무 껍데기들아
껍데기 두툼한 네 몸속에서 작은 풍뎅이들, 속날개 파닥이고 있구나 어린 집게벌레들, 잠꼬대하고 있구나
그것들, 그렇게 제 몸 키우고 있구나
내 몸에서도 상수리나무 냄새가 나는구나
쌉쌀하구나 아득하구나 까마득히 흘러넘치는구나.

뻐꾸기 울음

진제마을 솔숲 속 무슨 슬픔 귀양 와 사나
무덤들 사이, 바위들 사이
이 마을 솔숲 속 무슨 아픔 쫓겨 와 사나

달빛 부풀어 아까시꽃 지는데
이슬 잦아져 오동꽃 지는데

진제마을 솔숲 속 무슨 절망 머리 풀고 우나
사람들 사이, 짐승들 사이
이 마을 솔숲 속 무슨 설움 쪼아대며 우나.

집의 집

옛집, 무너진 담벼락 아래
함부로 흩어져 있는, 블록 벽돌 속
너무도 익숙한 텃새 두 마리
번갈아 드나들고 있다
날카로운 부리에는
메뚜기, 잠자리, 풀여치 따위
죽어도 좋다, 온몸 파닥거리며
꽈악, 물려 있다
거칠 것 없는 햇살들
두충나무 넓은 이파리를 뚫고
팍팍, 터져내리는 늦여름 오후,
샛노란 새끼들의 주둥이
드높은 하늘을 향해
쫙쫙, 벌리고 있다
목청을 높이고 있다
짜식들, 발가락까지 샛노랗다
옛집, 허물어진 담벼락 아래
멋대로 나뒹구는 블록 벽돌 속
거기, 집의 집 있다
쪼르르, 찍찍, 짹짹
찌르르, 뽀짝뽀짝, 뽀오
어린 신의 목소리 즐겁다.

담쟁이넝쿨

담쟁이넝쿨을 보면 겁난다
손만 닿으면
꾸역꾸역 기어오르는
사람의 역사가 떠오르기 때문이다

담쟁이넝쿨처럼
갈퀴손이 달려 있는
사람의 문명

아무리 높은 담도
갈퀴손만 닿으면
사람의 오늘은 길을 만든다

급기야는 달나라에까지
은하철도를 놓는
사람의 내일……
담쟁이넝쿨을 보면 무섭다.

저 석양

만추의 들판, 가득 채우며 쏟아져 내리는
저 석양, 탱자빛 노을만으로도
마을 뒤편 대나무 숲은 자란다
우물가 텃밭 고추들은 익는다

대지의 마음, 촉촉이 적시며 퍼져내리는
저 석양, 삼베빛 노을만으로도
고향집 저녁밥 짓는 연기 피어오른다
온종일 재재대던 참새들 귀가를 서둔다

울바자 아래로 뛰어내리는 단풍잎처럼
함부로 나뒹굴고 있는 석양이여
뼈만 남은 앞다리 푹푹 꺾어가며
논두렁 터벅거리고 있는 노을이여

부지깽이로 문지방 두드리며 밀려오는
저 석양, 볏짚빛 노을만으로도
벌떡 일어서는 당신, 먼먼 사막 길 걷고 있다
곳간마다 볏가마니, 차곡차곡 쌓고 있다.

발목 잡힌 봄

무엇이 봄의 발목을 잡고 있을까
산 고개 넘어오다 노루 올무에라도 걸린 걸까

겹에 질린 청매화 꽃망울들
피다가 만 낯빛 하얗게 질린다

지구 저쪽에서는 지진 해일로
해변가 마을 폭삭 무너지고 있다

지구 이쪽에서는 겨울이 가지 않고
눈보라로 나뒹굴며 뻗대고 있다

식장산 꼭대기의 휘황한 안테나 접시들
아무런 소식도 듣지 못한 걸까

사람들의 마음 속 벽시계까지
빈대떡처럼 찌그러진 지 오래다

발목 잡힌 봄, 어디 산마루를 넘어오다
뽕이라도 처먹고 벌러덩 나자빠져버린 걸까.

셋집

내 몸에도 세 들어 사는 놈들 있구나
그렇구나 내게도 세 내어줄 집 있구나

발가락에, 사타구니에, 겨드랑이에 빌붙어 마음대로 번식하는 박테리아야 바이러스야 자잘한 세균아
내 몸 이곳저곳을 떠돌며 온갖 질병을 일으키는 녀석아
위장에, 간장에, 허파에 멋대로 터 잡고 불쑥불쑥 증식하는 박테리아야 바이러스야 쪼잔한 병균아
내 몸 이곳저곳을 떠돌며 각종 질병을 일으키는 자식아
내 피는 탁하다 칙칙하다 더럽다
별별 욕망이 다 녹아 있는 공중변소의 변기처럼 역겹다
수도 없이 피 맛을 보아온 너희들도 잘 알리라
너희들 역시 생명이기는 하잖니
셋돈 한 푼 받지 않고 살 집 내어주었으니 주인치고는 인심 한 번 좋구나
셋집 주인의 권리쯤은 제발 좀 인정해 주거라 행여 집 주인까지 쫓아낼 생각은 말거라

내 몸에도 세 들어 사는 놈들 있구나
아싸, 내게도 세 내어줄 집 있구나.

오늘치의 죽음

손톱을 깎는다 내 안에서
자라는 죽음을 깎는다
수염을 깎는다 내 속에서
자라는 어제를 깎는다

뾰쪽뾰쪽 밀어올리는
오늘치의 죽음

오늘도 나는 오늘치의
어제를 키운다 내일도 나는
내일치의 죽음을 키운다

덥수룩이 자라오르는
내일치의 머리카락

내 안에는 뭇 죽음을 먹고
뭇 생명이 크고 있다
내 속에는 뭇 생명을 먹고
뭇 죽음이 자라고 있다.

오이

홈 마트에서 싱싱한 오이 두개를 샀다
하얀 비닐봉지에 둘둘 말아왔다
밥보다 채소를 많이 먹으려고……

하나는 그날 곧장 깨물어 먹고
나머지 하나는 냉장고에 처넣어두었다

처넣어둔 것이 문제였다
처넣어두고 잊어버린 것이 문제였다

2주일도 훨씬 더 지난 뒤에야
냉장고 속 하얀 비닐봉지를 열어보았다

마구 짓물러 있는 오이라니
아깝지만 비닐봉지에서 오이를 꺼내
음식쓰레기통에 던져버렸다

그때 열어놓은 창에서 바람이 훅 불어왔다
하늘 향해 날아오르는 하얀 비닐봉지

귀신처럼 번쩍거리면서도
비닐봉지에서는 훌쩍, 오이냄새가 퍼져 왔다.

소나무 자식

제석산 산책길, 남 다 보는데도
버젓이 소나무와
관계하는 사람 있다

젊고 튼튼한 소나무를 끌어안고
가슴께, 아래께를
콩콩콩 찧는 사람 있다

소나무의 가슴께, 아래께가 반질반질하다
이 사람, 머잖아
소나무 자식 낳겠다

너무도 푸르고 싱싱한 이 사람
이미 굳세고 강건한
소나무 자식이다.

앵남역

앵남역은 역이 아니다
역사가 없으니까
대합실이 없으니까
그래도 기차는
하루에 두어 번쯤 멈추고 떠난다

앵남역에는 역이 없다
역무원도 없고
역장도 없다
그래도 손님은
하루에 두어 명쯤 내리고 탄다

내리쬐는 땡볕도 외로운 철로가
두어 그루 지쳐빠진
감나무들 사이
서너 개 낡아빠진
시멘트 벤치들 사이

아무렇게나 널브러져
온종일 졸고 있는
우유 봉지 하나, 빵 봉지 둘!

봄바람, 은여우

봄바람은 은여우다 부르지 않아도 저 스스로 달려와 산언덕 위 폴짝폴짝 뛰어다닌다
은여우의 뒷덜미를 바라보고 있으면 두 다리 자꾸 후들거린다
온몸에서 살비듬 떨어져 내린다
햇볕 환하고 겉옷 가벼워질수록 산언덕 위 더욱 까불대는 은여우
손가락 꼽아 기다리지 않아도 그녀는 온다
때가 되면 온몸을 흔들며 산언덕 가득 진달래꽃 더미, 벚꽃 더미 피워 올린다
너무 오래 꽃 더미에 취해 있으면 안 된다
발톱을 세워 가슴 한쪽 칵, 할퀴어대며 꼬라지를 부리는 은여우
그녀는 질투심 많은 새침때기 소녀다
짓이 나면 솜털처럼 따스하다가도 골이 나면 쇠갈퀴처럼 차가워진다
차가워질수록 더욱 재주를 부리는 은여우, 그녀는 발톱을 숨기고 달려오는 황사바람이다.

江돌

길음뉴타운 푸르지오 아파트 단지
촘촘한 시멘트 숲이다
검은 시멘트 숲을 거닐다가 주은
희고 뽀얀 江돌
어쩌다가 여기까지 왔나
손에 넣고 조몰락거리다 보니
이내 따뜻해진다
둥글고 납작한 놈
한때는 이빨 꽉 다물고
제 몸 흐르는 강물로
둥글게 깎았으리라
강가라면 멋지게 물수제비라도
뜨고 싶은 놈
여기 길음뉴타운 검은 시멘트 숲에는
손들어 힘껏 던질 곳 없다
몇 번씩 고개를 들어 둘러보아도
검은 아파트들로
빽빽한 시멘트 숲……
손 안에 넣고 조몰락거릴수록
가슴 자꾸 폭폭해지는
희고 뽀얀 이 놈, 江돌을 어쩌나.

바람이 좋아하는 것

멈춰 있으면 바람이 아니다 움직이는 바람, 달리는 바람, 튀어 오르는 바람, 휘몰아치는 바람……

이 부잡스러운 녀석이 좋아하는 것은 계곡이다 틈이다 구멍이다

점잖게 여백이라고도 부르는 구멍을 향해 부지런히 제 몸을 던져 넣으면서 바람은 바람이 된다

구멍 속에는 무엇이 있나 구멍 속에는 식량이 있나 사랑이 있나

바람도 먹기 위해 달린다 바람도 사랑하기 위해 달린다

어떤 바람은 늦게 달리고 어떤 바람은 빨리 달린다 생명 있는 것들은 다 달린다 생명 없는 것들도 달린다

달리는 바람, 솟구치는 바람, 바람은 빠르게 변하고 바뀐다 멈춰 있으면 바람이 아니다.

쥐똥나무 울타리

쥐똥나무 울타리를 만들자
가시철망 촘촘히 두르고 서 있는, 시멘트 벽돌로 쌓아올린 담장, 이제는 다 허물어버리자
쥐똥나무 울타리를 만들자
쥐똥나무 울타리에는
아침 햇살 환하게 피어오른다 울안 가득 참새 떼 날아오른다
느릿느릿 시궁쥐며 두더지도 드나들고, 굼실굼실 도둑고양이며 족제비도 드나드는 곳
쥐똥나무 울타리를 만들자
쥐똥나무 울타리 아래에는
봉숭아꽃, 맨드라미꽃도 심어보자
채송화꽃, 앵초꽃도 심어보자
해거름의 나주볕이 환하게 내려오기 시작하면 손나팔을 불며 저녁때를 알리는
분꽃도 심어보자 하늘 높은 줄 모르고 솟아오르는, 시멘트 벽돌로 쌓아올린 담장
이제는 다 허물어버리고
쥐똥나무 울타리를 만들자
쥐똥나무 울타리 안에서는
옥수수 삶는 냄새 구수하게 들려온다 식구들 모여 도란도란 옛이야기를 나눈다.

거친 귀

오늘 밤도 장맛비로 세상 구죽죽하다
외곽도로를 뭉개며 달려가는 자동차 소리, 창칼을 휘두르는 소리처럼 차고 시리다
자정이 넘었는데, 첫새벽이 오고 있는데 온갖 소리들이 끊이지 않는다
소리들이 왁작대며 빗속을 밀려왔다가 밀려간다
그때마다 속이 뒤집힌다
저 소리들이 속을 뒤집는 것은
마음을 활짝 열어젖히지 못하는 귀 때문이다
순해지지 않는 귀
투박하고 거친 귀
이런 귀가 어찌 소리들의 내력을 다 알아듣겠는가
쪽빛 하늘을, 하늘에 떠 있는 구름을, 순식간에 쏟아져 내리는 소낙비를, 소낙비에 젖어 질척이는 흙을……
투박하고 거친 귀는 아직도 떨림판을 갈고 있다
빗방울 소리 한 점만 떨어져도 귀는 천둥이 치고 벼락이 치는 소리인 줄 알고 화들짝 놀란다
허연 파뿌리를 흩날리며
너무 늦게 늙는 밤, 오늘 밤도 나는 동구 밖으로 나가 소리들 속으로 오는 첫새벽을 기다린다
어린 발자국 소리를.

흔들의자

흔들의자가 있어야겠다
흔들리는 세상
더욱 흔들리기 위하여

걸음 옮길 때마다
끊임없이 흔들리는
저 마음들 보아라

흔들의자가 있어야겠다
흔들리는 세상
더는 흔들리지 않기 위하여!

평사리 들판

이곳저곳 기웃대며 해찰하다가
무리에서 그만 떨어졌을까

겨울이 훨씬 지났는데도
고향으로 돌아가지 못한 바람오리 한 마리

푸드득 날개를 치며
평사리 들판, 내려앉는다

산수유꽃 피고, 매화꽃 피고
자운영꽃까지 환하게 피는데

바람오리의 외로운 마음
누구도 어쩌지 못한다

무리들과 뒤섞여 살면
외롭지 않을까 벚꽃들 하얗게 망울 맺거늘
바람오리 한 마리

섬진강 건너 매화 꽃대궐 찾아
날개를 폈다가 접는다.

싸락눈, 대성다방

싸락싸락 싸락눈이 내려 쌓이던 겨울, 털모자도 가죽장갑도 없었지 양 볼에서는 차가운 솜털들이 보숭거렸고

스물한 살, 곤색 점퍼 위로 나뒹굴던 싸락눈만으로도, 가슴은 쩍쩍 금이 갔지 붉게 아팠지

아픈 마음으로 역전 대성다방의 낡은 계단을 타고 올라가고는 했지 멈칫멈칫 미닫이문을 열고 들어서면 톱밥난로 푸스스 타오르던 왼쪽 구석, 하얀 손들 번쩍번쩍 들려지고는 했지

옆구리에는 비닐커버의 노트 한 권씩이 끼어 있었지 두툼한 노트 속에는 토닥거리다 만 화장기 가득한 언어들

커피를 마시고, 음악을 듣고, 오늘이며 내일의 역사를 지껄여대다가는 더러 노트를 바꿔 읽으며 침을 튀기기도 했지

조국이니 민중이니 하는 말들은 언제나 가슴을 쳤고, 급기야는 반유신의 불화살로 날아가고 싶어 온몸이 뾰쪽뾰쪽 날이 서기도 했지

다방이 문을 닫는 밤, 역전 통으로 걸어 나가면 금방과 양복점이 가득한 거리에서는 자주 길이 끊겼지

기다릴 수도 없이 멈출 수도 없이 내려 쌓이는 눈 더미, 함박눈 더미, 눈알 부라리며 내려다보는 가로등 불빛만으로도 가슴의 상처는 쉽게 덧났지

터덜거리는 구두코를 따라 무심코 걷다 보면 성탄을 알리는 대흥동 성당의 종소리, 아기예수를 경배하는 마음이 절로 솟았지

이제 대성다방은 없어졌지 싸락눈 내리는 겨울, 모자도 장갑도 없이 두 손 호호 불며 키우던 꿈도 미래도 너풀거리는 은발이 다 덮어버렸지 너풀거리는 은발 너머로 또 세월은 가고 오고.

바람의 파수꾼

무엇으로, 왜, 어떻게 바람을 지키겠다는 것인가
손오공처럼 구름을 타고 하늘로 올라가 바람을 지키겠다는 것인가
이마에 손을 올리고 저기 아득한 허공을 주욱 둘러보고는
불어오는 바람을 꼼짝 못하게 잡아 묶어 감옥에 처박아 두겠다는 것인가
킥킥킥, 새들이 웃는다 새들의 웃음소리 들리지 않는가
실은 새들도 지키지 못하는 것이 당신 아닌가
바람보다 먼저 새들이나 지켜보시지
새들보다 먼저 구름이나 지켜보시지
새들도 제대로 지키지 못하면서
구름도 제대로 지키지 못하면서
어떻게, 왜, 무엇으로 바람을 지키겠다는 것인가
도대체 무슨 근거로, 무슨 이유로
당신은 바람을 지켜야 한다고 생각하는 것인가
바람은 사람, 사람은 마음, 마음은 자유……, 자유가 발길을 만들고, 발길이 역사를 만들지
바람을 지키겠다는 것은 역사를 지키겠다는 것
무엇으로, 왜, 어떻게 역사를 바람을 지키겠다는 것인가
바람은 흐르는 것, 바람은 달리는 것
그렇지 물처럼 여기저기 스미는 것

아직도 당신은 구름을 타고 있는가
당신이 타고 있는 구름은 뜬구름
손오공의 흉내 그만 두고 얼른 땅으로 내려오시게
땅에 깊이 뿌리를 내리고 미루나무처럼 하늘을 향해 머리칼을 날려 보시게
그것이 실은 바람을 지키는 일
더는 바람을 지키겠다는 생각을 해서는 안 되네
바람이 지금 당신의 여린 잎새들 부드럽게 어루만지고 있잖나.

매미

서럽지 기쁘게 서러워야지
칠년씩이나 감옥살이를 하다가
보름쯤 풀려났으니

울지 울어야지
더는 견딜 수 없다고
다시 지하 감옥으로
끌려갈 때까지

그렇지 즐겁게 통곡해야지
철벽 크레인에 붙어, 끝내 온 가슴
환하게 빠개질 때까지.

제6부

개구리

개구리가 개구리를
등허리에
업고서는

풍덩, 둠벙 속으로
뛰어든다.
저 개구리!

유유히 헤엄을 치는
저 개구리,
개구리 위!

자벌레

허리를 접었다 펴는
자벌레는 작은 파도.

파도를 일으키며
기어가는
자벌레야.

선불리 들뜨지 마라,
나뭇잎 바다 위!

낙타

사막을 걸을 때는 차라리 희망찼는데요. 낙타는 그만 눈 감았지요, 임자나루에 와서.

찢어진 초록 방풍림들, 아우성치는 저 소리들!

태풍에 휩쓸려 나가, 아무 것도 없었지요. 저처럼 사납게 파도가 들이치다니!

낙타는 꿈에서조차도 생각하지 못했지요.

어쩌다 임자나루에까지 왔는지는 묻지 마세요. 낙타는 사막을 건너는 것만 생각했어요.

너무도 떨리는군요. 무섭게 뒤집히는 바다!

임자나루는 더 이상 마을이 아니더군요. 아무도 살지 않더군요. 바닷새들만 날더군요.

낙타는 그저 제 발굽만 천천히 내려다보았지요.

분청사기 파편들에 대한 단상

무등산 자락 여기저기
분청사기 파편들.

깨어지고 부서져
조각난 세월들.

미어져 터져버린 가슴, 너무도 많구나.

가마터 주변마다 버려져 있는 목숨들,

땅 속에 묻힌 지
수백 년이 지났어도

저처럼 되살아나서 내일을 꿈꾸다니!

꿈이야 뭇 생명들의 본마음 아니던가.

버려진 꿈 긁어모아
이곳에 쌓고 보니

무등산 골짜기마다
동백으로 피는 봄볕.

홍시

무너진 성벽 틈새
으깨진
홍시 하나.

벌겋게 널브러져
말라붙고 있고나.

덜커덕 튀어 오르다
주저앉은
이 가슴!
잠자리
—첫사랑

마른 수숫대 위
살포시 앉아 있는,

가만가만
다가서면

차르르

날아가는,

잠자리, 고추잠자리
서러워라 가을빛!

잠자리

—첫사랑

마른 수숫대 위
살포시 앉아 있는,

가만가만
다가서면

차르르
날아가는,

잠자리, 고추잠자리
서러워라 가을빛!

땡감 하나

한여름 땡볕 속
나무 그늘, 흔드는 바람.

뾰족이
모가지 내밀며
몸 맡기는
강아지풀.

나른한 졸음 속으로
땡감 하나, 투두둑!

4호선 전철

한 손에는 스마트폰.
다른 손에는 장미꽃.

새끼손가락 끝에는 생수병도 들려 있네.

밤늦은 4호선 전철
졸고 있는 저 사람!

그 모습 바라보는
머리 흰 중년 하나.

이 사람 왼 손에도 스마트폰 들려 있네.

나머지 오른 손에는
시집 나부랭이 들려 있고!

캄캄한 집

아내는 일 나가고
아이는
알바 나가고

사내는 여태까지
사무실에서
일하고…….

오늘도 자정 가까이
텅 빈 집,
캄캄한 집.

갈 길

장맛비 그친다.

소슬바람
슬쩍 인다.

산뽕잎 잎사귀 위

고개 쳐든
무당벌레!

주변을 두리번대다가

갈 길
그냥 간다.

구절초

구절초 아홉 마디
굽이굽이
힘들지.

가슴 속 아픈 사연
찬바람에
씻고서는

하얀 꽃 피워 올리는
네 마음
누가 알리.

부소산 길

삼십년 만에 오르는
부소산
서러운 길.

그때는 사랑 잃고
터벅터벅
오르던 길.

지금은 나무 그늘 속
아슴아슴
그윽한 길.

화엄의 바다를 찾아가는 보살행

김 영 호 (문학평론가)

시인 이은봉은 한결같다. 이제 법률적인 노인의 나이가 되어 대학 강단을 떠나는 정년을 코앞에 두고 있지만, 꾸준한 창작활동으로 예전 문학청년의 순수하고 뜨거운 열정을 오롯이 지켜내고 있다. 그 열정은 다양한 체험과 오랜 경륜으로 푹 삭여져 보다 넉넉하고 너그러운 모습으로 계속 진화하고 있다. 그는 정년퇴직으로 공적 삶의 한 매듭을 짓게 된 기념으로 그간에 내놓은 11권의 서정시집에서 126편의 시를 골라 이 시선집 『초록동물의 피』을 묶는다.

2007년에는 그간 출간한 6권의 시집에서 고른 시선집 『알뿌리를 키우며』를 낸 바 있고, 2016년에는 그간 출간한 9권의 시집에서 고른 시선집 『달과돌』을 낸 바 있는 것이 시인 이은봉이다. 그러니까 이번 시선집 『초록동물의 피』는 그의 세 번째 시선집인 셈이다. 두 번째 시선집은 육필시집이므로 예외라고 할 수도 있지만 말이다. 하지만 이번의 시선집은 첫번째 시선집 이후에 출간된 시집부터 고르지 않고 그의 시집 11권의 모두를 대상으로 다시 고른 만큼 그 성격이 좀 다르다.

2007년 첫 번째 시선집을 내면서 그는 6권의 시집을 내는 과정에 초창기의 자신의 시 작업이 기대와 이상에서 많이 벗어나 있다고 고백한 바 있다. 자신의 창작활동이 세상을 향기로 가득 채워 온통 빛날 것이라는 기대에서 많이 벗어나 그간의 작업을 되돌아보는 계기가 되었다는 것이다. 특히 자본주의 근대를 살아가는 고민과 처방을 시로 표현하려 했다는 것을 강조하고 있다. 이번의 작업 역시 지금까지의 자신의 시적 작업을 총체적으로 되돌아보는 계기가 되리라 본다.

억압과 절망 속에서도 유쾌한 낙관으로 이를 극복해 왔듯이 그는 먼저 이번 작업과정에서 겪은 멋쩍은 일화를 먼저 고백한다.

"까닭 없이 126이라는 숫자가 나를 계속 유혹했다. 시를 고르며 내내 한심하고 회심했다. 기껏 이러한 정도의 수준에 불과하다니!"

126이란 숫자에 대한 유혹은 아마 화투놀이에서 9를 뜻하는 '갑오' 때문일 테지만, 굳이 이런 걸 순순히 밝히며 뉘우친다. 그런데 이런 일화는 사업가의 경우엔 오히려 자기 미화의 계기가 되기도 한다. 대표적인 대중적 필기구였던 '모나미' 볼펜에 적힌 '153'이란 숫자가 바로 그런 경우다. 기독교인인 회사 대표가 부활한 예수가 다시 뱃사람으로 돌아간 제자들에게 나타나 그물 칠 곳을 알려줘 그물 가득 153마리의 물고기를 잡았다는 성경의 일화에서 따왔고, 또 9를 뜻하기도 하는데, 그의 이런 시도는 결과적으로 큰 성공을 거두었다고 한다. 사정이 이러하니 시인 또한 그런 유혹을 받을 만하다. 중요한 것은 각각의 시가 나름의 사연 속에 쓰인 만큼 다 소중할 테지만, 선정한 시들이 고른 수준을 보여주면 될 뿐이다. 다만 시인이 그만큼 자기성찰에 민감하다는 것을 확인하는 것으로 충분하다.

이번 시선집의 대상이 첫 시선집과 상당 부분 겹치다 보니 첫 시선집에 실렸던 시들이 다 빠진 듯하다. 그래서 처음 여섯 권 시집의 표제작들이 없다는 점이 우선 눈에 띈다. 독자들은 그간 익숙히 보아온 시들이 없어 아마 좀 아쉬운 면도 있으리라 본다. 더구나 시인 스스로 표제작으로 삼은 작품이 없는 만큼, 그의 시적 여정을 살펴보는 이 글의 과정에서 부득이한 경우 이번 시선집에 없는 작품을 살펴보는 경우도 있음을 미리 밝힌다.

지금 그 마음으로
처음 그 마음으로
살아라 한다 목백합나무 잎사귀
위로 고이는 아침 이슬처럼
그렇게 살아라 한다
내가 이런 말 할 수 있을까만 그래도
지금 그 마음으로
그 착한 마음으로
고향 들녘, 송아지 잔등 위
로, 쏟아져 내리는 봄햇살처럼
그렇게 살아라 한다
애초의 마음으로
지금 그 마음으로, 살아라 한다
내가 이런 말 할 수 있을까만 그래도
설레이는 참새의 앞가슴
앞가슴 털의 따뜻함으로
살아라 한다 처음 그 마음으로
시작하는 마음으로
살아 있을 때까지 살아
움직일 수 있을 때까지
꿈틀거릴 수 있을 때까지
저기 북한산 연봉 위
늙어 더욱 찬란한 소나무 등걸 하나

청청청, 솟아오르고 있다
솟아오르며 환히 웃고 있다.
-「지금 그 마음으로」 전문

시인은 애초에 가졌던 처음 그 마음을 간직한 채, 순수하고 착하며 따뜻하고 곧게 살아갈 것을 주변의 자연에 빗대 다짐한다. 시인이 대학 1학년 때 아버지가 큰 빚을 져 이사한 용두동 언덕의 낡고 비가 새는 집은 한국전쟁 피난민들이 모여 살던 해방촌에 있었고(「용두동집」), 그는 이곳에서 자취생활을 하며 독서에 몰두하거나, 친구들과 다방에 모여 "오늘이며 내일의 역사를 지껄여대다" "조국이니 민중이니 하는 말들"에 가슴을 치며 "반유신의 불화살로 날아가고 싶어 온몸이 뾰쪽뾰쪽 날이 서기도" 한다(「싸락눈, 대성다방」). 급기야는 순수한 이상을 이루려 눈 오는 날 독재에 저항하다 스스로 감옥행을 택한 친구도 생겨, 그의 순수하고 드높은 이상을 떠올리며 그를 걱정하기도 한다(「스스로 걸어 들어간 녀석은 지금」). 그래서 그의 초기 시는 유신독재의 억압을 어둠과 겨울, 눈보라, 그리고 죽음으로 비유하면서, 그에 분연히 맞서는 자유와 평등과 사랑의 혁명을 예감하는 역사의식을 보여준다.

죽음 속에서 죽음의 풀밭 속에서
싹이 튼다 죽음의 뿌리를 뚫고
그렇다 사랑의 싹이다
죽음이여 이윽고 사랑의 어머니여
긴 겨울이 끝나고, 겨울의 눈보라가 끝나고
어둠 가운데, 어둠의 긴 동굴 가운데
싹이 튼다 죽음의 뿌리를 뚫고
그렇다 자유의 싹이다
죽음이여 끝없는 자유의 아버지여

죽음을 먹고, 푹 곰삭은 죽음의 심장을 먹고
기어코 생명의 꽃대궁 솟아오른다
봄날 아지랑이 솟아오른다
한꺼번에 사랑을, 자유를 밀어올리는
오래 기름진 밭이여 희망이여
배추씨도 무씨도 함께 환호하는
풍성한 식탁의 예감이여
죽음을 먹고, 고통으로 죽음의 심장을 먹고
벅찬 가슴으로 달려가는 수레바퀴
죽음 속에서 죽음의 뿌리 속에서 오히려
찬란한 생명의 운산이 여기 있다 죽음이여
매듭 굵은 이 나라 역사가 비로소 싹을 틔운다.

-「죽음에 대하여」 전문

시인은 어둡고 긴 겨울의 죽음을 이겨내고 희망의 싹을 틔우는, 생명의 깊고 신비한 원리인 현묘지도(玄妙之道)를 본다. 죽음과 사랑이 서로 대립하면서도 어느 임계점을 넘으면 극적으로 융합하는 화엄의 세계를 깨닫는다. 그래서 시인은 위 시에 대응하는 '「사랑에 대하여」'에서, 겨울이 가고 봄이 오면 봄 동산에서 작은 생명들이 자유롭게 살아나는 것을 "배우고, 깨닫는다"고 고백한다. 문제는 이런 배움과 깨달음이 인식 차원의 알음알이에서 그쳐서는 안 된다는 점이다. 사랑과 자유, 그리고 평등과 해방이 추상적이고 상호의존적인 개념어로만 인식되는 데서 나아가 이를 구체적인 상황에 맞추어 역동적인 활동으로 바꾸어내야만 진정한 변화가 시작되기 때문이다. 물론 당시 젊은 시인이 폭압적인 군부독재의 위력에 물리적으로 맞서 변혁을 추동하기엔 역부족인 게 엄연한 현실이다. 하지만 그런 극한적인 상황에서도 "우두커니 서 있을 수는 없지" 다짐하며, 그대와 함께 지푸라기라도 뭉쳐 동아줄을 만들어 죽음의 강물 너머로 건너려고 안간힘을 다한다(「길 끝에」). 엄혹한 절망적 상황에 "쓰러지"고 "허우적대"면서도 희망을 향한 지난한 몸짓을 멈추지 않는 이 도저한 믿음이야말로 시인이 가진 뛰어난 미덕으로 보인다. 자신이 처한 자리에서 형편에 맞게 최선을 다하는 이런 자세가 바로 시인을 늘 역사의 현장에 동참하게 하는 원동력이 되었으리라.

시인은 이렇게 가야 할 세상에 대한 믿음을 잃지 않으면서도 겸허하게 자기 자리를 지켜나간다. 그는 늘 열린 마음으로 주변의 작은 자들과 기꺼이 함께한다. 자신이 젊은 시절을 산언덕 동네인 용두동 해방촌에서 살았기에, 길음동이나 미아동 산동네 사람들의 고단함 속에 간직된 인정에 충분히 공감할 수 있다. 하늘 아래 첫 동네인 산동네 사람들은 척박한 현실 속에서도 서로 부대끼며 싸우다가도 서로를 보듬어가며 내일에 대한 희망을 일구어간다. 남루한 살림살이에 날것의 감정으로 살아가는 그들이지만 하늘과 별빛에 가장 가까운 사람들임을 시인은 안다. "복되어라, 가난한 사람들! 하늘나라가 너희 것이라"는 예수의 축복 대상이 바로 이들인 것이다. 이런 역설이 바로 중생과 부처가 하나 되는 화엄의 세계가 아닐는지. 그래서 시인은 산동네에 내리는 솜이불 같은 눈송이를 보며 '설움이면서도 은혜요 희망'이라고 노래한다.

축복이요 함박웃음이요 사랑이요
여기 길음동 산언덕
산언덕 슬레이트 지붕 위에도
덧씌운 루핑 위에도
환희요 떨어져 내리는 기쁨이요
보아도 눈 부릅뜨고 보아도
은혜요 층층이 늘어선 가난을 덮는

한숨을 덮는 솜이불이요 떡가루요
버리고 온 고향 사람들
눈물겨운 인정이요 거친 손마디
덥석 부여잡는 설움이요 반가움이요
무너져 내리는 담벼락
낡아 찢어진 벽보 위에도
일렁이는 추억이요 그리움이요
이따금 바람 불러와
온통 세상 뒤흔들어도
노랫소리요 아직은 벅찬 내일이요
즐거움이요 그리하여 여기
엉덩이를 비비며 모여 사는 사람들
사람들 넓은 치마 섶이요
젖가슴이요 젖가슴으로 껴안는 희망이요.

-「길음동-산언덕 내리는 눈」 전문

시인은 우리나라 중심부인 서울에서 멀리 떨어진 변방에서 태어나고 살아가는 이른바 마지널 맨(marginal man), 곧 주변인이다. 물론 나름 일가를 이룬 시인이고 존경받는 대학교수로 사회적으로 성공했어도, 그의 심성과 삶의 행태를 추동하는 힘은 바로 시골사람의 정서다. 그래서 그는 늘 주변 이웃들의 고통과 신음소리에 민감하게 반응하며 끝내 외면하지 못한다. 그러다가 붉은 물이 든 사람으로 낙인찍히기도 하고, 한때는 직장에서 쫓겨나 유랑의 시절을 견뎌야 한다. 이렇게 주변인 의식으로 이웃과 소통하는 그는 '달'과 같은 존재다. 태양처럼 뜨겁고 눈부셔 감히 쳐다볼 수 없는 '너무먼 당신'이 아니라, 소주잔 기울이며 정담을 나눌 수 있는 '이웃의 장삼이사'이다. 그는 존재하지만 자신을 애써 드러내지 않는 '달'과 같으며, 태양처럼 멀리 있지 않고 훨씬 가까이 있다. 그는 이지

가지 아픈 사연들을 간직한 채 기울어진 삶을 서로 다독이며 사는 이웃들을 연민의 정으로 가까이 끌어당긴다. 마치 달의 인력이 지구의 자전축 기울기를 안정적으로 유지해줘 계절이 변화하고 물이 뒤바뀌며 생물들이 살아가게 하는 것처럼 말이다. 이렇듯 달과 같은 주변인들이 있기에 이 세상의 변화와 조화가 가능한 것이니, 그가 "내 몸에는 달이 살고 있다"고 말하는 것은 바로 우리 삶을 살맛 나게 해주는 세상사의 이치에 다름 아니다. 즉 삶의 근원적인 질서인 원형이정(元亨利貞)의 순리로 살아가고자 하는 시인의 바람을 말한 것이다. "겨울 가을 여름 봄이 아니라/ 봄 여름 가을 겨울"(「봄 여름 가을 겨울」)인 것이다.

> 내 몸에는 달이 살고 있다 옥토끼의 달, 계수나무의 달, 때 되면 옥토끼는 아직 절구질을 한다 계수나무 그늘 아래 떡방아를 찧다 인절미며 쑥절편, 백설기며 시루떡 함께 나누어 먹는 달은 지금 많이 프다
>
> ……흥건히 피 흘리는 달, 아랫도리 절룩이는 달, 내 몸의 물관부를 따라 출렁출렁 뛰어다니는 달……
>
> 뚜벅뚜벅 대보름이 다가오고, 마침내 몸 가득 채우는 달, 때로 달은 흘러넘치기도 한다 밖으로 빠져 나가기도 한다 그러면 달빛 너무 지쳐 피빛으로 붉으죽죽하다 그 달빛, 세상 향해 촉촉이 내려앉는 모습, 보고 싶다 아름답게.
>
> -「달」 전문

사실 우리가 사는 지구는 우주의 중심이 아니다. 우주 속에서 지구는 태양계의 가장자리를 차지한 '창백한 푸른 점'으로 어둠에 둘러싸인 외로운 티끌 하나에 불과하다고 천체물리학자 칼 세이건은 말한다. 따라서 우주의 광대함과 장엄함 앞에서 인간은 아주 취약

한 존재에 불과하며, 특별한 존재가 아니라고 한다. 다른 동식물과 유전적 친족관계에 있으며, 우리 몸을 이루는 물질들—혈액 속 철분, 뼈 속의 칼슘, 뇌 속의 탄소, 수분 속의 산소 등은 수천 광년 떨어진 수십억 년 전 적색거성들에서 만들어진 것이라 한다. 이렇게 보면 우리는 모두 오랜 별의 자손이고 빛나는 존재인 것이다. 시인의 직관과 상상력을 통해서만 인간과 우주가 연결되는 것이 아니라, 우리를 구성하는 원소들을 통해서도 긴밀하게 연결되어 있다. 우주의 모든 물질이 서로 연결되어 있고, 세상의 모든 것이 서로 연결되어 있는 것이다. 이것이 바로 불교에서 말하는 화엄의 바다이다.

우리나라가 미국 기독교 문명에 의해 근대화되면서 인간 중심의 가치관과 지구 중심의 우주관을 내면화하게 되었지만, 우리의 원래적 영성은 동식물은 물론 사물까지도 공감과 배려의 관계로 보고 있다. 해님과 달님 이야기, '비가 오시네.' 란 표현이나 뜨거운 물도 식혀서 버리고, 감나무에 까치밥을 남겨두는 풍습 등이 이를 증명해 준다. 야생영장류학자들의 연구에 의하면 원숭이나 유인원이 사는 열대우림 지역이나, 야생영장류가 흔한 인도 중국 일본 등의 종교에선 인간과 다른 동물 간에 엄격한 경계를 두지 않는다고 한다. 유독 야생영장류가 없는 유대계 기독교만이 인간을 예외적인 특별한 존재로 취급하는 신앙을 가지고 있다는 것이다. 시인은 천주교 영세를 받았지만 불교 종립고등학교를 다니면서 배운 불교적 교양 때문인지, 인간과 만물이 다 연결돼 있음을 쉽게 받아들이고 이를 시로 형상화하고 있다. '나는 별, 별빛과 태초로부터 연결되어 있으며, 질긴 동아줄로 얽힌 관계임'을 시적 상상력과 직관을 통해 노래한다(「휘파람 부는 저녁」).

나와 남, 나와 자연, 나와 사물이 결국 하나라는 시인의 인식은 특히 '바람의 시'에 잘 드러난다. 물론 바람이 부는 과학적 이유는 기압차 때문에 일정한 방향으로 공기가 흐르는 데서 비롯된다. 그러나 시인에게 바람은 움직이는 생명력이고, 사람의 마음이 자유롭게 모아져 이루는 역사이고, 우리가 사는 이 땅에서 이루고자 하는 소망이기도 하다(「바람이 좋아하는 것」, 「바람의 파수꾼」). 기독교에서는 세상을 살아 움직이게 만드는 신비스런 힘의 존재(spirit)를 우리 주변에서 움직이는 바람(wind)의 모습으로, 우리 내면에서 움직이는 숨(breath)으로 표현한다. 바람은 초월적이면서도 내재적인 그런 신령한 힘인 것이다. 따라서 타인과 자연 또는 사물 모두에게 이런 신령스런 힘이 내재해 있다고 보게 될 때, 우리는 만물에 대해 자비심과 연민의 정을 갖게 된다. 시인이 시에 드러나는 자신을 '각자 선생'으로 부를 때도 바로 이런 자각 또는 깨달음을 표현하면서, 모두가 다 스스로 이런 자각을 가질 수 있다는 믿음을 동시에 함축하고 있다고 보인다.

시인은 이번 시선집의 표제작을 '「초식동물의 피」'로 정했다. 시인이 동식물은 물론 사물까지도 자신과 하나가 되는 화엄사상을 체화(體化)하고 있음은 이미 앞에서 살펴본 바 있다. 이렇게 만유와 내가 둘이 아닌 하나로 차별 없이 모두 소중한 존재라면, 만유가 서로 평화롭게 공존하는 삶이 가장 바람직한 관계라 할 수 있다. 그리고 이를 가장 비폭력적으로 실현하는 방법은 바로 피 흘림이 없는 먹을거리인 풀과 채소와 열매를 먹는 초식동물의 삶을 사는 것이다. 이는 성경의 창세기에도 제시되어 있다.

하나님이 말씀하시기를 "내가 온 땅 위에 있는 씨 맺는 모든 채소와 씨 있는 열매를 맺는 모든 나무를 너희에게 준다. 이것들이 너희의 먹을거리가 될 것이다. 또 땅의 모든 짐승과 공중의 모든 새와 땅 위에 사는 모든 것, 곧 생명을 지닌 모든 것에게도 모든 푸른 풀

을 먹을거리로 준다" 하시니, 그대로 되었다.(창세기 1장 29-30절)

생명이 있는 모든 것에게 모든 푸른 풀을 먹을거리로 주었다는 것이다. 물론 상징적인 이야기지만 깊은 의미가 담겨 있다. 그렇다고 채식주의자가 되라는 명령은 아닐 것이다. 만유의 폭력적인 관계에서 벗어나라는 가르침을 먹을거리를 통해 상징적으로 표현한 것이리라. 그래서 시인도 들농사를 지어 곡식과 푸성귀를 먹는 선조들의 유전자에 대한 사랑과 믿음을 표현하는 것이리라. 육식을 혐오하거나 거부하라는 것이 아니라, 우리 안의 피를 부르는 욕정에 대한 절제를 당부하는 것이리라. 폭력적인 피 흘림의 관계에서 벗어나려는 마음가짐으로 만물과 평화로운 관계를 이루려는 노력을 통해 우리 삶을 변화시켜 보자는 시인의 예지이리라.

이 땅에서 선조들이 어떻게 살아왔는지 나는 잘 모른다
염소처럼 작고 조그만 눈, 토끼처럼 크고 두툼한 귀, 수탉처럼 헐떡이는 작은 가슴이 유전자에 박혀있는 것을 보면 선조들 또한 산천초목을 호령하던 사자나 호랑이는 아니었던 듯싶다
그들 역시 기껏해야 마을 주변이나 맴도는 초식동물 따위로 자분자분 들판을 일구며 겨우겨우 목숨을 부지해왔으리라
이런 선조들의 후손인 내가 무릎을 다쳐 지금 절룩이며 걷고 있다
단지 돌부리에 걸려 넘어졌을 뿐인 데도 엉성하기 짝이 없는 유전자가 자꾸만 상처를 키우고 있다
그래서일까 입고 있는 옷도 남루해 보이고, 벗고 있는 마음도 남루해 보인다
절룩이는 다리도 남루해 보이지만 이 모든 것이 시간이 만드는 일이라는 것을 내 어찌 모르랴 마음이 만드는 일이라는 것을!
초식동물도 동물인 만큼 내게도 와락 더운 피 돌 때가 있다
가슴 가득 별빛으로 설움 쏟아져 내릴 때가 있다

더러는 그리움의 낯빛을 하는 저 별빛…… 용케 잘 견뎌내고 있는 나는 초식동물의 피를 받은 것이 늘 고맙다
출렁이는 강물을 따라 황금 부스러기 달빛을 밟으며 들일을 마치고 성큼성큼 집으로 돌아왔을 선조들을 생각하면 오래오래 아랫배가 뻑뻑해지고는 한다 사랑과 믿음이 생기고는 한다.

-「초식동물의 피」 전문

초록동물로 살아온 또 살고자 하는 시인의 마음을 담아낸 이 시에 대해서는 앞의 논의만으로 충분하다. 글을 맺으며 한마디 덧붙인다. 한결같은 모습으로 시대가 부르는 삶의 현장에서 늘 작고 조그만 자들과 함께해온 것이 이은봉 시인이다. 유쾌한 낙관으로 절망을 이겨내며, 그동안 만유에 대한 사랑과 공존이라는 화엄의 바다를 찾아가는 보살행을 보여준 시인의 시적 성취와 삶의 자취에 마음 깊이 경의를 표한다. 이런 시인과 가까이 함께한다는 것은 복된 일이라고 여겨 감사한다. 다만 이제 학자로서의 고된 의무에서 자유로워지는 계기를 맞는 만큼, 모처럼 흩어져 살던 가족들과 한자리에 모여 오순도순 정을 나누며 안식을 누리기를 진심으로 빈다. '빨간 맨드라미'처럼 단심을 간직한 노모, 두 가슴을 도려내는 아픔을 이겨내고 '기왓장'처럼 시인을 지켜주는 웅숭깊은 아내, 제 앞갈망하며 사는 아이들, 용두동 산언덕에서 함께 유학하던 누이와 동생들까지 봄꽃이 흐드러지게 핀 고향에서 '주산리 꽃잔치'를 벌이며 이웃과 자연과 사물까지 평화롭게 함께 살아가는 '보살행'을 보고 싶다. 그리고 그 길에 기꺼이 함께하고 싶다. 이은봉 시인은 '화엄의 바다를 찾아가는 보살행'을 이미 이렇게 보여주고 있다.